UN TRIATHLON... MAIS A QUEL PRIX ?

Valtrés

ISBN : 978-1517019976

Dépôt légal : aout 2016
Valtres.triathlon@gmail.com

PROLOGUE

15 Aout

Je suis là, sur la plage, dans le noir au milieu des autres, prêt à y aller. Pourtant j'ai peur. Peur de ce qui m'attend, de cette longue journée à venir.

Le coup de pistolet retentit, je m'élance dans l'eau.

Ai-je bien fait de me lancer ce défi ?

52 semaines plus tôt, un autre 15 aout.

La foule est impressionnante. Elle ressemble à des pingouins qui vont se jeter dans l'eau. Ils piétinent, s'impatientent.

Je suis un hasardeux témoin de ce spectacle.

En vacances à Embrun cet été, j'ai vu qu'une compétition était organisée… Alors pourquoi ne pas venir voir à quoi ressemble un triathlon, même si j'ai dû me lever avant que le jour n'apparaisse.

J'en ai déjà suivi un, près de chez moi, mais les distances étaient beaucoup plus courtes, il me paraissait faisable. Mais là, c'est différent, les distances sont monstrueuses, le parcours doit l'être tout autant.

– Faut être fou ou inconscient pour faire ça, me dit Sophie à côté de moi.

– Ça doit être super pour ceux qui terminent.

– Encore faut–il qu'ils terminent la course ! Ça doit être un exploit de passer la ligne d'arrivée.

Je ressens comme un défi lancé.

– Moi aussi, avec du temps, je pourrais y arriver.

– Toi ? Elle éclate de rire. Ce n'est pas parce que tu fais quelques footings de temps en temps que tu es capable de faire ça !

– Arrête ! Je fais des compétitions aussi.

– Oui, des 10km, tu parles ! Attends de voir comment ces mecs entraînés vont finir, ça te remettra les idées en place.

Elle sourit pour clore la discussion, et me prend la main. Je me calme, mais je garde cette idée en tête : pourquoi pas moi ?

Dans la nuit, j'y pense et repense, me voyant nager, pédaler et courir pour enfin finir. Dans ce rêve, ça me paraît assez facile comme effort et je termine sans être épuisé.

Alors que je prends mon café, que les enfants sont devant la télé, je lance à ma femme :

– Je vais y participer l'année prochaine.

Ma voix voulait être sûre d'elle mais on pouvait ressentir de l'hésitation. Je n'ose pas relever le nez de mon bol.

– Tu as vu tous les abandons hier ? La tête des mecs qui ont terminé ? Et en plus, eux, c'est leur sport, ça doit faire des années qu'ils font ça. Toi, tu penses que, comme ça, en claquant des doigts tu vas pouvoir le faire ? Lance-t-elle sur un ton sarcastique.

– Je ne dis pas que je vais y arriver en claquant des doigts. Je vais m'entraîner, je vais me renseigner pour savoir quoi faire. J'ai un an pour tout ça.

– Tu as intérêt à t'y mettre maintenant alors. Allez, pose ton café et va courir ! Elle sourit.

– J'ai l'impression que tu ne me prends pas au sérieux.

– C'est juste que ça me paraît tellement difficile comme course que je te vois mal y arriver, mais je serais fière que tu passes la ligne d'arrivée.

– Ceux qui ont terminé ne sont pas des surhommes non plus ! Alors, pourquoi pas moi.

Là, ma voix n'a pas tremblé.

L'Entraînement

1

Les vacances sont terminées.

Arrivé au boulot le lundi, je vais directement voir Daniel, un collègue qui a déjà fait quelques triathlons.

Je suis fier de lui annoncer que je vais faire Embrun l'année prochaine.

– Tu vas faire l'Embrunman ? Alors que tu n'es pas monté sur un vélo depuis ton tricycle et que tu ne sais pas nager ? Tu rêves là !

– Inscris–toi avec moi, on verra si je ne suis pas capable de le faire ! piqué au vif.

– Houlà non ! C'est beaucoup trop d'investissement, de concession par rapport à ta vie de famille, tes weekends, tes vacances. Sophie est d'accord ?

– Evidemment.

– Tu vas avoir du boulot pour y arriver, tu l'as prévenue que tu ne la verras plus ?... Ni la semaine, ni le weekend ?

– Pff, je vais réussir à gérer tout ça.

Sa réaction agressive me perturbe. Apparemment, il n'a jamais fait ce type de triathlon et ne doit pas savoir comment s'y préparer.

Le soir, je passe chercher Mathieu à l'étude et Cléa à la garderie. Ils me racontent leur rentrée sur le chemin du retour mais je ne peux m'empêcher de penser à mes entraînements à venir. Pour moi, c'est le grand flou. Que faire pour bien se préparer. J'aurais pu poser mes questions à Daniel, mais avec sa réaction, je n'avais plus envie.

Arrivés à l'appartement, je passe notre petite entrée où les enfants posent leurs cartables. Je leur donne le goûter dans notre pièce principale qui fait office de salon/salle à manger et les envoie dans leur chambre pour jouer. Qu'ils en profitent, bientôt les devoirs vont s'accumuler.

Je vais dans ma chambre où l'ordinateur est posé sur un bureau pour commencer avec excitation mes recherches sur internet.

En tapant « préparation Ironman » sur Google, c'est dingue toutes les informations qu'on peut trouver. Même plus la peine d'aller demander à Daniel.

Je lis page après page toutes les recommandations, les semaines d'entraînement, les erreurs à ne pas commettre.

Les plans d'entraînement me semblent très différents d'un site à l'autre et je ne comprends pas toutes les abréviations utilisées.

La porte claque, j'entends les pas de Sophie.

– Coucou, qu'est–ce que tu fais ? demande-t-elle en rentrant dans la chambre.

– Je regarde pour mes entraînements.

– Alors ? Tu trouves des choses intéressantes ?

– Oui, mais il va falloir que je fasse le tri, il y a trop d'informations !

– Bon courage, je vais préparer à manger pendant ce temps. Je t'appelle quand c'est prêt.

– Ok.

J'ai bien senti le ton sarcastique employé, mais je ne réagis pas.

En règle générale, si j'ai bien compris, j'ai encore le temps avant de m'attaquer à des séances vraiment difficiles. De toute façon, avant ça, il faut que je reprenne à la base. Daniel n'avait pas tout à fait tort, il faut que j'aille nager, ça fait des années que je ne suis pas allé à la piscine… Sauf pour patauger avec les enfants ; et que j'aille faire du vélo. D'ailleurs, il va falloir que je dépoussière mon vieux deux-roues du garage.

– Tu viens manger ?

– J'arrive.

Je m'assois à la table où se trouvent déjà les enfants et Sophie.

Sur la table, une assiette de pommes de terre sautées avec un steak saignant m'attend.

– Je m'attendais à rentrer dans des semaines dures dès le début mais finalement, ça va être tranquille.

– Ça te paraît faisable ?

– Oui, je vais y aller progressivement et ça devrait le faire.

– Tu vas faire quoi papa ? me demande mon fils.

– Je vais m'entraîner pour une course très longue et très dure. Ça s'appelle un Ironman.

– Ouah ! Tu vas avoir une armure rouge ? dit–il avec des yeux pleins d'espoir.

– Euh, pas tout à fait, je n'aurai pas de super pouvoir, mais avec de l'entraînement, ce sera tout comme ! assuré-je avec un clin d'œil.

– Au niveau de l'alimentation aussi, j'ai vu qu'il fallait manger super équilibré : pas gras, moins manger de viande rouge et pleins d'autres trucs.

– Ça ne te fera pas de mal, déclare-t-elle en me souriant.

– Je vais faire ça progressivement aussi. Je peux commencer plus tard pour l'alimentation !

Après avoir couché les enfants, je me remets sur mon pc cette fois pour étudier le profil de la course.

Effectivement, le parcours vélo n'a pas l'air tout plat et la course à pied n'est pas facile non plus. Il va falloir que je trouve des côtes dans le coin pour m'exercer à grimper.

Je finis la soirée par regarder un résumé vidéo de la compétition. Evidemment, c'est facile à dire quand on est avachi sur son canapé… Pourtant ça m'a l'air faisable.

Le weekend suivant, alors que les enfants sont allés voir leur grand–mère avec Sophie, elle m'a dit d'en profiter pour sortir le vélo de la cave.

Ça fait plusieurs années qu'il attend là, et ça se voit. Il est plein de poussières et de toiles d'araignée. Je commence par le sortir dans la rue et l'arrose d'eau. Je l'essuie puis sors mon kit du parfait petit nettoyeur acheté la veille. Dans un petit seau se trouvent des éponges et différents sprays pour remettre mon vélo sur pied.

Après une heure passée à dégripper et à graisser chaines, plateaux et cassette, je me lance dans ma rue, en jean pour le tester.

Dès le début, ça ne va pas, la chaine frotte. J'avais oublié qu'il fallait changer de pignon grâce à un petit levier placé sur le cadre et les vitesses passent très difficilement. Je suis déçu… Moi qui pensais pouvoir aller faire mon premier entraînement de vélo aujourd'hui !

Je regarde ma montre, il est encore temps de l'emmener chez un vélociste.

Arrivé au magasin, le vendeur me dit qu'il aurait fallu prendre rendez–vous pour les réglages du vélo.

Il voit alors ma déception à ma tête.

– Bon, faites voir ce qu'il a.

Il accroche le vélo à un pied.

– Il fait son poids !

A l'aide d'un tournevis et en moins d'une minute, mon dérailleur fonctionne parfaitement bien.

– Vous vous mettez au vélo ? me dit–il au moment de me le redonner.

– Oui, je débute le triathlon.

– Ah… Si vous voulez vous y mettre sérieusement, il faudrait peut–être penser à un nouveau vélo.

– Ce n'est pas prévu, je vais voir avec celui–ci.

– Si vous le gardez, vous pourriez commencer par changer les pédales… m'explique-t-il en me montrant les lacets en caoutchouc attachés aux pédales.

Une demi–heure plus tard, je repars avec deux nouvelles pédales automatiques, une paire de chaussures pour aller dessus et une addition salée qui avoisine les 150€… Je n'ai pas encore commencé à faire du triathlon que je trouve déjà ça cher ! Mais avec ça, je ne devrais pas avoir d'autres dépenses à faire.

Ce soir, j'ai pu montrer mes nouvelles pédales à Sophie et aux enfants intrigués par l'intérêt d'avoir les pieds attachés au vélo.

Ce dimanche matin, j'ai mis mon réveil pour aller faire du vélo et être rentré dans la matinée pour passer la journée avec les enfants.

Il fait encore bon en ce début de mois de septembre. J'ai mis un short, un t-shirt et j'ai enfilé mes nouvelles chaussures.

Au moment de monter sur le vélo, je passe du temps à trouver comment caler ma chaussure dans la pédale. Une fois réussie, je teste la méthode pour la retirer. Je comprends qu'en pivotant mon pied sur le côté, je libère la chaussure.

Allez, c'est parti !

Je manque de tomber en essayant de placer mon deuxième pied mais finalement j'y parviens.

Les premiers coups de pédales sont difficiles mais en changeant de braquet, je me sens plus à l'aise. On dit que le vélo ne s'oublie pas et c'est vrai. J'arrive à bien garder l'équilibre et après deux feux rouges, je comprends qu'il faut anticiper pour décrocher une pédale.

Me voilà parti sur la boucle de 20km que j'avais prévus. J'ai l'impression de bien rouler même si je n'ai aucun repère. J'apprécie cette sensation de vitesse que je n'ai pas lorsque je fais des footings. Je croise quelques cyclistes qui me saluent. Ils portent tous un casque, je devrais peut être en faire de même.

Progressivement, une sensation désagréable apparait au niveau des fessiers, pour finalement devenir une irritation insupportable. Les derniers kilomètres sont interminables, j'ai des difficultés à rester assis.

A part ça, l'entraînement se finit sans encombre, je termine sans aucune autre douleur particulière.

Voilà d'autres achats à faire dans les prochains jours : un cycliste, un casque et un compteur pour connaître ma vitesse. Moi qui pensais juste avoir besoin d'un vieux vélo pour m'entraîner, il va falloir que je freine sur les dépenses.

2

Après mon premier entraînement vélo de ce weekend, je suis allé faire un footing le lendemain, les jambes un peu lourdes.

Pour la natation, j'ai trouvé un créneau horaire qui me convient par rapport à mon travail au bureau : tous les mardis de 18h à 19h pour commencer. Ensuite, je verrai pour ajouter un autre entraînement mais j'espère qu'une seule session de natation par semaine me suffira. Normalement, je dois aller chercher les enfants à l'école ce jour précis (en plus du lundi et jeudi) car Sophie travaille au magasin jusqu'à 19h ces jours–là. Mais je lui ai expliqué qu'avec les horaires de la piscine, il n'y avait pas d'autres solutions. Donc ce sera leur ancienne nounou qui viendra les récupérer à la sortie de l'école.

A à la piscine, je me rends compte que cela fait plusieurs années que je n'ai plus nagé. Je veux dire réellement nager, pas barboter dans la mer ou dans la piscine de l'hôtel. Ça doit remonter au lycée, lorsque j'avais natation en EPS.

C'est sans doute la discipline qui va être la plus difficile des trois.

Je rentre dans l'eau avec mon petit maillot de bains trop serré. Je me place dans une ligne d'eau, j'enfile mes lunettes. C'est parti. Dès les premiers mouvements, je retrouve mes réflexes fluides de lycéens. Je me sens facile. Après, deux allers–retours, je me lance pour un 400m chronométré. Je suis certain de réaliser un bon chrono. J'ai regardé sur internet pour me donner une idée de ce qu'est un bon chrono sur cette distance pour un triathlète. N'étant pas un très bon nageur, je pars pour faire moins de 6 minutes.

A la fin de ces huit longueurs, je finis exténué ! Je n'ai plus de bras, j'ai du mal à reprendre mon souffle, mais mon chrono est au–dessus de toute espérance : 4'40. Je devrais figurer très bien placé sur un triathlon. Finalement, ce n'est pas si difficile. Sur des forums, j'ai vu des triathlètes nager à plus de 9 minutes sur 400m alors que sans entraînement, je fais moins de 5 minutes. Il s'agit peut–être de mon sport de prédilection et je suis encore assez jeune, 35 ans, pour espérer briller dans de grands triathlons comme Embrun.

Je rentre chez moi, euphorique. La table est déjà mise. Les enfants sont assis. Je les embrasse sur le front.

– Tu as bien nagé papa ?

– Oui, très bien même ! J'ai nagé très vite !

– C'est vrai ? Me demande Sophie, surprise.

– Tu en doutais ? D'après le chrono que j'ai fait sur 400m, je devrais finir parmi les premiers en natation !

– C'est juste que c'est intrigant, tu n'as jamais vraiment nagé et là, tu me dis que tu es Michael Phelbs.

– Je ne dis pas que je vais finir champion olympique, mais je suis peut être fait pour nager. C'est de bon augure pour le reste.

– C'est super ! On te verra sortir premier au bout de 4000m…

– 3800m... Ça a été ta journée ?

Alors qu'elle me raconte sa journée de travail, je me vois déjà sortir du lac d'Embrun en première place, frais comme un gardon.

Le repas se termine calmement, les enfants nous racontent ce qu'il se passe pendant la récréation. Ça n'a pas l'air de les avoir perturbés que je ne vienne pas les chercher. Tant mieux.

Après le dîner, je me jette sur mon Pc, je compte bien raconter sur le forum de triathlon mon premier entraînement natation.

– Tu viens regarder le film mon chéri ?

– Oui, j'arrive. C'est la pub de toute façon.

Je me crée un pseudo et je me lance dans le récit de mon 400m.

J'appuie sur Envoyer et j'éteins mon ordinateur pour retrouver ma femme sur le canapé. J'ai hâte de voir les réactions des forumers.

Je le dirai à Daniel demain pour lui montrer de quoi je suis capable.

Cela fait deux jours que j'ai fait mon entraînement natation. J'avais prévu un footing ce soir mais la météo est exécrable et la motivation n'est pas là alors je continue à faire des recherches sur internet à propos de l'entraînement.

Finalement, mon temps de natation n'était pas correct. Alors que les réactions des forumers sur mon temps natation ont été plutôt négatives, pensant qu'un débutant ne pouvait réaliser ce chrono–là, Daniel s'est littéralement foutu de moi quand il s'est rendu compte que j'avais nagé huit longueurs dans une piscine de

25m et non 50m comme je pensais. Au final, j'ai réalisé un 200m en 4'40, ce qui représente un chrono relativement mauvais.

Le moral et ma motivation sont un peu retombés, Daniel m'a conseillé de prendre des cours de natation. J'ai reçu les mêmes conseils sur internet. D'ailleurs, j'ai changé de pseudo sur le forum pour ne pas que cette histoire me poursuive.

Je n'en ai pas encore parlé à Sophie, j'ai peur de la décevoir.

Je me suis fixé un programme d'entraînement pour les prochaines semaines : j'irai nager une fois par semaine, courir une fois et rouler deux fois. Avec ces séances, ça devrait me permettre d'avoir une bonne base d'endurance.

Je vais faire des semaines de 6h d'entraînement par semaine, ce qui est déjà pas mal. On verra cet hiver si je peux garder ce rythme.

Ce matin, au travail, à la pause–café, j'en profite pour parler de mes entraînements à Daniel.

– Avec 6h d'entraînement, tu penses pouvoir terminer Embrun ?? Tu es au courant que tu as des barrières horaires ?

– Ah non, c'est quoi ?

Honteux de ne pas connaître cette information.

– Tu as des check points en natation, vélo et course à pied, si tu mets trop de temps, tu es éliminé.

– Ah merde, je n'avais pas vu ça.

– Et ce n'est pas avec tes 4 entraînements par semaine que tu vas arriver dans les temps.

– Non mais c'est pour débuter, j'augmenterai plus tard.

– C'est vrai que tu as encore le temps, mais il faudra que tu sois entre 12 et 15h d'entraînement quand tu seras dans ta période spécifique.

– On verra d'ici là.

Je pense qu'il se la raconte avec ses 15h d'entraînements. Qui a le temps de s'entraîner autant en parallèle du boulot et de sa famille ?

Si déjà j'arrive à 10h d'entraînement, ce sera déjà beaucoup.

– Et tu comptes aller en montagne pour t'entraîner dans les cols.

– Je me trouverai des côtes dans le coin pour m'habituer. Allez, je vais bosser.

Je préfère couper court à cette conversation qui commence à m'irriter. Il se permet de me donner des leçons alors qu'il se cantonne à faire des triathlons courts. Il faut vraiment que j'arrête de lui en parler, je suis énervé à la fin de chacune de nos conversations. Je rentre dans mon bureau pour préparer mon rendez–vous cet après-midi.

Le soir, au repas, j'explique à Sophie ma discussion avec mon collègue sur le nombre d'heures d'entraînement.

– Tu devrais peut–être aller dans un club, les entraîneurs pourraient te dire ce que tu dois faire pour bien te préparer. Tu pourrais trouver des mecs qui préparent Embrun aussi. Ça pourrait être sympa pour toi de t'entraîner avec du monde.

– Oui, c'est vrai, je vais voir. Mais la licence est assez chère et les entraînements en groupe ne seront peut–être pas sur mes disponibilités.

– C'est toi qui vois.

– Je préfère m'entraîner à mon rythme sans quelqu'un d'autre pour me mettre la pression.

– Ok, je te soutiendrai moi !

Elle m'embrasse.

Ça me rassure qu'elle soit derrière mon projet et qu'elle me soutienne. Je pense que c'est important d'avoir sa famille derrière soi avec un tel objectif.

Je me couche plus motivé que jamais, je me rends compte que je ne suis pas seul pour préparer Embrun, que cette course est la course de toute ma famille.

Je suis de retour pour mon deuxième entraînement piscine. Cette fois, le but est de réellement faire 400m pour me donner une idée de mon niveau et du travail à faire.

Je pars pour mes seize longueurs de piscine. Les sensations sont bonnes au début, j'ai l'impression de glisser assez bien dans l'eau. Au bout de 100m, je commence à avoir les bras lourds mais je suis à l'aise au niveau de la respiration. Au bout de 200m, cela devient vraiment compliqué, mes bras ont du mal à revenir au–dessus de l'eau. Je commence à manquer d'air.

A 250m, je n'en peux plus, je me bats avec l'eau, je n'avance plus. Je passe en brasse pendant 25m avec la tête au–dessus de l'eau pour reprendre ma respiration. Je finis malgré tout les cents derniers mètres en alternant tant bien que mal la brasse et un semblant de crawl.

J'arrête mon chrono : 9'55… Bon, il y a du boulot.

En sortant de l'eau, je me dirige vers un maître–nageur pour me renseigner quant à d'éventuels cours de natation.

– On donne effectivement des cours de natation, vous avez quel niveau ?

– Je ne sais pas, je viens de faire un peu moins de 10 minutes sur 400m.

– Ok...

Je comprends à son intonation que j'ai vraiment un mauvais niveau.

– Vous avez un projet particulier pour vouloir progresser ?

– Oui, je voudrais me mettre au triathlon.

Je n'ai pas osé mentionner que c'était pour la distance Ironman, je crois qu'il m'aurait ri au nez.

– On peut commencer par 10 leçons et on verra par la suite.

– Très bien, vous faites un forfait pour ça ?

– Pour dix leçons, ça vous fait 150 euros.

– Ah oui, quand même.

– Sinon, vous pouvez vous inscrire aux cours pour adultes le mercredi soir. C'est un peu moins de 200€ pour l'année.

– Je vais réfléchir. Merci.

Je retourne aux vestiaires en me disant que c'est encore une sacrée dépense à faire. Je vais en parler à Sophie avant de prendre ma décision.

Après le dîner, alors que les enfants sont couchés, je suis assis sur le canapé avec ma femme à regarder une série quelconque à la télé, je décide de lancer le sujet.

– Tu sais, à propos de mon très bon niveau en natation. En fait, j'avais fait une erreur dans les longueurs et finalement, j'ai un très mauvais niveau.

– Oh, mon pauvre chéri, tu dois être déçu !

– Oui, c'est sûr, mais bon, c'est comme ça. Il va falloir que je progresse. Et apparemment, il y a du boulot.

– Et si tu prenais des cours ?

Je suis content que ce soit elle qui en parle en premier.

– Justement, ce serait une possibilité. Avec 10 séances, je devrais progresser techniquement, mais c'est 150€.

– Ah, pourquoi pas.

Je sens de l'hésitation dans sa réponse.

– Je vais me restreindre sur quelques dépenses et ça va aller.

– Tu gères ton budget comme tu veux mon chéri.

Depuis le début de notre relation, on a toujours été clair sur les questions d'argent. On met ce qu'il faut sur un compte commun pour payer le loyer ainsi que les différentes charges et on garde sur notre compte personnel l'argent qu'il nous reste.

Chacun gère cet argent comme il l'entend tant que ça n'a pas d'impact sur notre vie de couple. Ça nous permet de nous faire plaisir avec des achats personnels sans pour autant culpabiliser.

Le prix des cours de natation vont se rajouter au matériel acheté les dernières semaines. Maintenant, je pense avoir fait le tour, il ne me restera plus qu'à payer l'inscription à Embrun et ce sera bon.

Dix séances devraient me suffire pour comprendre ce que je dois mettre en place pour progresser. De toute façon, sur un Ironman, si j'ai bien compris l'idée, on ne passe pas beaucoup de temps à nager en comparaison avec le vélo. Une fois que j'aurai amélioré mes chronos en natation, il faudra que je me concentre sur la partie vélo pour bien me classer.

Me voilà à penser au classement alors que l'idée à l'origine était seulement de terminer. Mais je me dis qu'en m'entrainant pendant un an de manière assidue, je ne devrais pas avoir de mal à terminer dans la première moitié du classement voir même mieux. D'autant plus que partant de zéro, j'ai une marge de progression énorme.

Alors que la série marque une pause publicitaire, je me rends dans la chambre pour regarder une vidéo sur la technique du crawl. A voir, ça n'a pas l'air bien compliqué. Je n'aurai peut–être même pas besoin de dix leçons pour réellement progresser.

Ce matin, au petit–déjeuner, je reçois un mail de Top chrono me rappelant que je me suis inscrit pour une course de 10km dimanche prochain. Avec toute cette histoire de triathlon, j'avais complétement oublié cette course. Il va falloir que j'aille courir aujourd'hui pour bien me préparer.

Le soir, après le travail, je me retrouve sur les chemins de terre dans le bois à côté de chez moi. Après 20 minutes d'échauffement, je me lance dans un 5km pour voir à quelle vitesse je suis capable de courir. La fin du parcours est difficile tant au niveau respiration qu'au niveau musculaire. Je ne fais pas un mètre de plus et je m'arrête, épuisé. Je m'assois, je regarde mon chrono. Malgré mes mauvaises sensations, je ne suis pas si mal que ça.

Cet entraînement m'a rassuré. Je ne vais pas faire un record sur ma course de 10km mais je ne devrais pas être loin de mes meilleurs temps.

Je me projette de nouveau sur Embrun : une fois que j'aurai terminé le triathlon, je me préparerai pour un marathon. Après un Ironman, je devrais réussir un meilleur temps sur 42km.

3

Aujourd'hui, jeudi, je suis allé nager tranquillement dans le but d'être en forme dimanche pour mon 10km. Après ma séance, j'ai demandé à avoir 10 séances de natation à partir de la semaine prochaine. J'ai hâte de commencer pour pouvoir progresser.

J'ai axé toute ma semaine d'entraînement pour pouvoir réaliser une bonne performance dimanche. Je me suis donc peu entraîné dans les trois disciplines.

C'est la troisième semaine de mon « défi » triathlon. Le rythme est lancé, l'ensemble se cale bien dans mon emploi du temps. Tout s'organise bien avec Sophie et les enfants. J'ai l'impression qu'on a trouvé l'équilibre pour que mon projet fonctionne.

Même si mes entraînements vont être plus longs de semaines en semaines, les créneaux seront les mêmes, l'organisation ne devrait pas être bouleversée.

Ce soir, au dîner, c'est pâtes pour tout le monde ! Demain, je participe au 10km et je dois avoir des réserves pour en forme.

– On court aussi demain ? me demande Mathieu.

– Non, mais vous allez venir me voir.

– Pourquoi on mange des pâtes aussi ?

– Pour avoir des forces pour m'encourager et m'applaudir.

– Mais tu peux courir si tu veux Mathieu, il y a une course pour les enfants, lui dit Sophie.

– Ah non, j'aime pas courir.

– Tu préfères encourager papa ?

– Non, je préfère dormir !

– Mais on va voir papa gagner la course, ça va être super, réplique-t-elle en souriant.

– Ah bon ? Tu vas gagner la course ?

– Euh, je vais essayer en tout cas… affirmé-je avec un clin d'œil.

Ce matin, toute ma famille est là, sur le bord de la route à m'encourager. Je me place sur la première ligne pour ne pas être gêné et pour prendre un bon départ.

Le coup de pistolet retentit, je suis happé par la route devant moi, poussé par les centaines de coureurs derrière moi. Mais au bout de quelques centaines de mètres, des dizaines de participants commencent à me doubler pour me retrouver progressivement avec des coureurs de mon niveau. Je suis parti trop vite, je m'en rends compte maintenant et je souffre sur les trois derniers kilomètres. Je n'arrive plus à garder le rythme du début, j'ai des difficultés à lever les jambes. J'arrive enfin dans la dernière ligne droite et j'entends les voix de Mathieu et Cléa qui me soutiennent. Je retrouve alors quelques bribes d'énergie qui me permettent d'accélérer et de ne pas perdre la face devant mes enfants.

Une fois la ligne passée, Mathieu se jette dans mes bras :

– T'as pas gagné papa ! me dit–il en fronçant les sourcils.

– Mais tu m'as vu partir ? J'étais dans les premiers.

– Oui, mais il faut finir premier pour gagner papa, pas partir premier.

J'embrasse Sophie et je prends Cléa dans mes bras pour rejoindre la voiture, fatigué.

– Comment tu t'ès senti ?

– Au début, super, je pensais que j'allais faire une très bonne course. Et finalement, j'ai payé de mes efforts et j'ai fini dans le rouge.

– C'est quand ta prochaine course ?

– Le 15 Aout…

– Au moins tu as le temps de récupérer, me dit–elle le sourire aux lèvres.

Arrivé à la maison, je me glisse sous la douche alors que Sophie prépare le repas. Ce moment me permet de récupérer et de faire le point sur ma préparation.

Même si je suis déçu de ma course, je n'ai pas besoin de savoir courir vite pour terminer Embrun, il faudra que je sois capable de courir longtemps quelle que soit ma vitesse. Il ne faut plus que je pense à chaque discipline séparément mais que je réfléchisse à un seul et même effort pour trouver la bonne gestion de course du début à la fin et ne pas refaire mon erreur d'aujourd'hui : partir trop vite. J'imagine la difficulté que j'aurai à terminer la course si je pars à fond en natation.

– A table !

Je m'essuie, m'habille rapidement et m'installe à table avec ma femme et les enfants.

– En plus de tes entraînements, il va falloir aussi que tu planifies les moments où tu vas m'aider pour les tâches ménagères, me dit Sophie en ironisant.

– Arrête, je t'aide souvent.

– Papa, tu fais pas souvent à manger, répond Mathieu.

– Euh, tu vas pas t'y mettre aussi, enchainé-je en lui frottant la tête. Allez, mangez ça va refroidir.

4

Les semaines se suivent et se ressemblent.

Depuis cette semaine, je commence à réellement ressentir les impacts de mon entraînement, j'ai perdu 1.5kg. Ainsi je me sens plus à l'aise sur le vélo et au bout de quatre cours de natation, j'ai l'impression de mieux glisser dans l'eau. A la fin de mes dix séances, je ferai un test sur 400m pour pouvoir comparer avec mon temps de la première fois.

Avant mon projet sportif, ma vie ressemblait à un long fleuve tranquille, maintenant, je suis complètement tourné vers le triathlon.

Je dors triathlon, je mange triathlon. J'utilise mes moments libres pour lire des articles sur internet ou pour regarder des vidéos d'Ironman. Je me rends compte que je passe moins de temps avec ma femme le soir. Alors qu'avant, le film du soir était un moment à partager à deux, maintenant je m'éclipse pendant la pub pour lire les derniers commentaires sur les forums de triathlon.

Durant ce dernier mois, j'en ai parlé avec Sophie qui semble me comprendre :

– Je sais que c'est un objectif très difficile que tu t'es fixé et c'est normal que tu t'investisses dedans à fond. Ce qui me rassure, c'est que c'est juste pour cette année, donc ça va, m'avait–elle dit en m'embrassant sur la joue.

Je passe un peu moins de temps avec les enfants, mais j'essaie de les intégrer à mon projet dès que je le peux en courant quelques minutes avec Mathieu à côté de moi en vélo ou encore en allant tous ensemble à la piscine. Ils peuvent voir leur papa s'entraîner et sont fiers de dire que je vais faire un Ironman même s'ils ne comprennent pas trop le but.

Ce matin, c'est la panique à la maison, Cléa est malade, elle a vomi toute la nuit. Le sommeil a été difficile à trouver et au réveil, ça n'allait pas mieux. Sophie a posé sa journée pour pouvoir s'en occuper.

En sortant de ma voiture, je me rends compte que j'ai 15 minutes de retard. A l'entrée, je croise Daniel que j'essaie d'éviter depuis qu'il a décidé de me donner des leçons sur le triathlon avec son air hautain.

– Hé, salut Thierry, ça fait un bail qu'on ne s'est pas vu ! Tu sors de la piscine pour arriver en retard ? me dit–il en me tapant sur l'épaule.

– Non, c'est ma fille qui a été malade toute la nuit.

– Alors, l'entraînement pour l'Embrunman se passe bien ? Tu t'entraines combien d'heures par semaine ?

– Je ne compte pas, mais je fais ce qu'il faut, essayant de couper court à la conversation.

– J'en doute pas…Et puis là, on va rentrer dans l'hiver, c'est la pire période, la motivation n'est plus là, on a envie de rester chez soi au chaud. En général, je fais toujours une coupure d'un mois à ce moment–là. En même temps, tu n'as pas intérêt de faire une coupure vu que tu dois déjà être en retard sur tes entraînements.

– En même temps, si je préparais des triathlons sprints, moi aussi je pourrais faire des coupures l'hiver. Je te laisse, il faut que j'aille bosser.

Je quitte cette conversation désagréable et m'installe à mon bureau. Il m'énerve avec son air suffisant, comme si monsieur connaissait tout sur tout, savait ce qu'était un Ironman. Il ne fait que des petites courses et il prétend connaître le triathlon.

Je confirme qu'il faut que je l'évite dans les couloirs pour les dix prochains mois.

Une fois la colère retombée, à la pause, comme depuis quelques semaines, je vais me chercher un café et au lieu de le boire avec les autres, je m'installe à mon bureau devant mon ordinateur pour lire les dernières news du monde du triathlon.

Même si Daniel m'a agacé, je me dis qu'il n'a pas tout à fait tort : l'hiver approche. Il va falloir que je m'équipe surtout en vélo si je veux continuer à m'entraîner. Au fil des recherches, je me rends compte de deux possibilités : soit m'acheter un équipement d'hiver pour braver le froid sur les routes gelées, soit m'acheter un home–trainer pour m'entraîner au chaud chez moi avec ma famille. Le deuxième choix me tente bien, mais en recherchant les modèles et les prix sur internet, je me rends compte que le budget est conséquent pour faire du vélo devant sa télé. Je crois que je mettrai une veste supplémentaire pour résister au froid du vent, ça me coûtera moins cher.

Je lis ici et là qu'il est difficile de tout concilier quand on prépare un Ironman ; le travail, la vie de famille, les entraînements, que la fatigue s'accumule et on peut devenir inefficace au travail, irritable avec sa famille. Cela fait bientôt dix semaines que j'ai commencé mon entraînement et je ne ressens rien de tout ça. Finalement, je ne trouve pas qu'il y ait eu tant de changements. C'est vrai, je me sens en forme et j'optimise mon temps libre pour être avec ma famille. Je pense que tout le monde s'y retrouve. Mes enfants et ma femme se rendent compte que ça me plait et ils doivent être heureux pour moi.

Ce soir, au repas, je décide justement d'en discuter avec Sophie :

– J'ai lu que pour beaucoup de triathlètes il était difficile d'harmoniser vie de famille, travail et entraînement… Moi, je ne trouve pas que notre rythme a été complètement bouleversé.

– Il y a eu quelques modifications, mais rien de dramatique. Pour l'instant, l'organisation fonctionne.

– Et j'ai trouvé un projet qui me fait avancer. Tu ne trouves pas ?

– Oui, je crois que je ne t'avais jamais vu comme ça. Tu es un peu obnubilé par ça, mais c'est marrant à voir.

– Et tu n'es pas fier de moi ?

– Si bien sûr…

Je sens une hésitation dans sa voix et ça me vexe. Elle se lève en emmenant les assiettes vides dans la cuisine.

– Mais je serai encore plus fière quand tu auras passé la ligne d'arrivée et que tout sera fini.

– Moi, je suis fier de toi papa ! Je le dis à tous mes copains que tu vas devenir Iron Man, ils sont trop jaloux ! me glisse Mathieu tout joyeux.

– Ils ont raison, je vais devenir un super héros.

– Et en attendant, le super héros, il va faire la vaisselle, me lance Sophie de la cuisine.

– Allez vous brosser les dents les enfants, j'arrive pour vous lire une histoire.

– Une histoire de super héros ?! me dit Mathieu excité.

– Oh non, pas encore ! Moi, j'veux une histoire de princesse, dit Cléa.

– Bon, on va bien trouver une histoire de princesse sauvée par un super héros.

Les enfants grandissent. Mathieu a 7 ans et Cléa approche des 4 ans. Je me rends compte que la chambre commune devient difficile à vivre pour les deux enfants. Chacun commence à s'affirmer et ils n'ont pas assez de place, n'ont pas leur propre univers dans leur chambre.

Je rentre dans la cuisine pour m'atteler à la vaisselle, Sophie range le plat de gratin dans le frigo.

– Et notre projet maison ? On n'en parle plus depuis que tu t'es lancé dans le triathlon… C'était comme si elle avait lu dans mes pensées.

– C'est vrai que ça serait mieux pour les enfants.

– Je vais prendre rendez–vous avec le banquier la semaine prochaine, on aura une idée plus claire de ce qu'on est capable d'acheter.

Je l'enlace.

– On serait bien dans une maison. Les enfants joueraient dans le jardin, tu bronzerais sur la terrasse.

– Et toi, tu serais où ?

– Parti faire du vélo ! Assuré-je tout fier en souriant.

Je reçois un coup de poing dans le ventre et nous éclatons de rire.

5

De retour de chez le banquier, Sophie se jette sur les annonces immobilières trouvées sur internet. Nous savons maintenant qu'il nous est possible d'emprunter 200 000 euros à deux. Notre rêve d'avoir une maison n'est plus très loin. Des biens à ce prix–là dans la région, on doit pouvoir en trouver.

Pendant que Sophie s'émerveille devant les photos de certaines maisons, je n'arrive pas à pleinement me réjouir et à me lancer dans ce nouveau projet.

– Ma chérie, pendant que tu regardes les annonces, je vais aller faire un footing.

– Tu ne veux pas regarder avec moi les maisons.

– Si, si, fais une sélection et je regarde dès que je rentre, j'en n'ai pas pour longtemps !

La météo n'est franchement pas bonne : il y a une petit pluie avec du vent. La température avoisine les 10°C, mais ce footing est agréable. Comme à chaque fois, je me projette dans ma course. De temps en temps, l'idée d'une maison me revient à l'esprit. Je serais heureux d'avoir une maison avec ma famille, mais je me dis aussi que c'est beaucoup de temps, de maisons à visiter, de papiers à remplir, de rendez–vous à prendre. Avec mon projet d'Ironman, je ne sais pas trop si j'aurai le temps. Il faudra que je trouve la bonne organisation pour allier les deux.

De retour à l'appartement.

– Viens voir toutes les maisons que j'ai trouvées !

– J'arrive, je prends une douche et je regarde ça.

La douche chaude me relaxe et je profite de ce sentiment de détente.

La porte de la salle de bains s'ouvre :

– Ça fait 15 minutes que tu es sous la douche, tu viens voir les photos des maisons ?

– Oui, j'arrive !

Je me sèche, m'habille et me pose devant le pc.

– Mais t'en as sélectionné combien des maisons ??

– Pour l'instant, j'en suis à une vingtaine.

– Ah oui, quand même. Tu as fait une sélection ou tu as pris toutes les maisons dans nos prix ?

– J'ai surtout choisi par rapport au prix.

Les photos défilent, les descriptions des maisons aussi. Une fois les annonces épluchées, aucune ne m'emballe réellement.

– Je ne sais pas, faut voir. Dans la plupart, il y a beaucoup de travaux.

– Mais les travaux, tu les feras avec nos amis, ça ne nous coûtera pas très cher.

– Oui, mais là, il faudra y passer beaucoup de temps, des semaines pour que les maisons soient à notre goût.

– C'est pas grave, on prendra le temps qu'il faut pour qu'elle nous plaise.

Un silence s'en suit.

– J'ai l'impression que tu n'es pas à fond dans ce projet de maison.

– Ah non, pas du tout. J'adorerais avoir une maison avec toi, mais de ce que j'ai vu sur les photos, il n'y en a aucune qui me plaît.

– J'ai le sentiment que ton projet triathlon t'emballe plus que la maison.

– Tu rigoles ! D'être propriétaire c'est quand même beaucoup plus important que de finir un triathlon.

Elle m'embrasse.

– J'ai eu peur que tu fasses passer ton Ironman avant ta famille. Ça me rassure.

– Si tu veux, on peut aller visiter des maisons, on se rendra mieux compte.

– Ok, je vais prendre des rendez–vous.

Normalement, on ne trouvera pas la bonne maison tout de suite. Il nous faudra sans doute plusieurs mois avec plusieurs dizaines de visites avant d'être sûrs de nous. Ensuite, il faudra compter trois mois avant de signer chez le notaire. En prenant notre temps et avec un peu de chance, ce sera après Embrun et je pourrai me préparer normalement.

– Au fait, tu as reçu un colis quand tu étais parti courir.

– Ça doit être les livres que j'ai commandés !

– Ah bon ? Tu te mets à lire, toi ?

– Ça fait plaisir ! Non, j'ai acheté deux livres sur le triathlon.

– Ah…Je me disais aussi.

– Je vais voir ça.

– J'imagine qu'on ne se revoit pas de la journée.

– Si, on se revoit ce soir, pour le dîner, en souriant.

– Oui, une fois que j'aurai préparé à manger… Soupire-t-elle.

J'ignore sa dernière réflexion et ouvre mon colis en m'asseyant confortablement dans le canapé pour dévorer ces manuels de triathlon.

Ces ouvrages me paraissent vraiment exhaustifs et abordent des points comme l'équipement ou l'alimentation sur lesquels je ne m'étais pas encore réellement penché.

L'importance de l'alimentation décrite dans ces livres me parait exagérée. Il me semble évident qu'on ne peut pas finir une épreuve aussi longue qu'un Ironman sans s'hydrater ou manger mais de là à en faire un élément clé de sa préparation, je trouve ça excessif. Je vais prévoir un grand bidon d'eau que je pourrai remplir et deux ou trois barres de céréales à manger. De toute façon, je pourrai toujours utiliser les ravitaillements placés sur le parcours si j'ai vraiment faim.

J'arrive au chapitre des plans d'entraînement.

Je reconnais maintenant les abréviations qui m'étaient inconnues il y a encore seulement quelques semaines.

Au fil des pages, je vois les séances défilées, s'allongeant de semaine en semaine pour finalement me paraitre interminables. Ce n'est pas ce que j'avais vu sur internet. Il va falloir que je les modifie. Premièrement, dans la plupart des préparations, il y a trois entraînements de natation, je n'en réaliserai qu'une ou deux.

La natation ne me semble pas être la partie principale à travailler. Concernant les entraînements longs, je ne dépasserai pas cinq heures de vélo et deux heures de course à pied pour ne pas me blesser et ne pas être trop absent vis–à–vis de ma famille.

– Tu viens manger ? Sophie me sort de mes pensées en me retirant doucement le livre de mes mains.

– Déjà ? Je regarde par la fenêtre, le soleil s'est couché.

En deux semaines, Sophie en est déjà à sa douzième maison de visitée. Elle est revenue à chaque fois plus enthousiaste qu'à la visite précédente.

Elle y allait systématiquement toute seule, l'abandonnant au profit d'un entraînement ou à cause de mon emploi du temps.

Mais ce matin, une fois revenu de mon entraînement vélo : deux heures de vélo sous le froid de décembre, Sophie en a profité :

– On a deux visites cet après–midi. Comme tu reviens de ton entraînement, je me suis dit que tu serais dispo pour m'accompagner.

– Pourquoi pas…cherchant une échappatoire. Mais qu'est–ce qu'on va faire des enfants ?

– Ils vont venir avec nous. J'en ai parlé à l'agence, il n'y a pas de problème.

– Ah…bon, parfait.

La première maison n'a aucun charme. Effectivement, il y a bien trois chambres et il y a peu de travaux mais ça s'arrête là.

Il y a tout à refaire dans la deuxième maison. Il faut repenser la pièce à vivre et refaire toute la cuisine.

– Tu en penses quoi ? me demande Sophie lorsque nous sommes sur le chemin du retour.

– La première ne me plait pas et il y a trop de travaux dans la deuxième.

– Mais je croyais que les travaux ne te faisaient pas peur.

– Là, ça va exploser le budget et on en a pour plusieurs mois avant de pouvoir y habiter.

Elle reste silencieuse un instant, la tension est palpable.

– J'ai l'impression que tu ne crois pas en notre projet…enfin c'est plutôt mon projet ces derniers temps. Tu ne viens pas avec moi pour les visites et quand tu es là, tu critiques tout.

– Elles ne me plaisent pas…je ne vais pas acheter une maison qui ne me convient pas !

– Même. Je ne te sens plus avec moi. J'ai l'impression que tu ne veux plus acheter de maison.

– Arrête, il y a les enfants, en me retournant pour leur sourire.

La soirée s'est finie dans une atmosphère tendue. Nous ne nous sommes pas adressé la parole avant le lendemain matin.

Depuis une semaine le froid s'est installé. Les températures sont tombées sous les 10°C fleuretant parfois avec les 0°C.

Lors de ma dernière sortie vélo, il faisait 7°C et j'ai commencé à sentir les limites de mon équipement, mais cela restait encore supportable.

Mais aujourd'hui, sur le vélo, je ne prends plus aucun plaisir. Le froid a commencé à envahir mes pieds et mes mains pour se répandre dans quasiment tout mon corps. Je sens ma mâchoire gelée et j'ai du mal à ouvrir la bouche. Mes doigts ne sont plus suffisamment irrigués par le sang pour réussir à passer les vitesses correctement.

Il me reste encore 15 kilomètres pour arriver chez moi et chaque kilomètre me semble une éternité. Alors que la route s'élève encore une fois, j'ai envie de tout arrêter, de jeter mon vélo au sol et de m'assoir. Mais pas seulement arrêter cet entraînement, toute ma préparation pour Embrun. Je ne vois plus le sens de ce projet. Cela me parait soudain grotesque et inutile. J'ai envie de profiter de la chaleur de mon appartement, de boire un café devant la télévision avec ma femme et mes enfants à mes côtés. Au lieu de ça, je suis dehors, seul dans le froid à torturer mes jambes à chaque coup de pédale, à me brûler la gorge à chaque inspiration.

Une fois la côte passée, je crois que la descente est encore pire. Le vent glacial me transperce et je préfère freiner pour avoir moins froid quitte à aller moins vite.

Plus que 5 kilomètres, des larmes me coulent sur le visage, des larmes de froid mais aussi de désespoir. Je remets tout en doute. Est–ce que je suis fait pour ce type d'effort ? Quel est l'intérêt de ces heures d'entraînement intense ?

Je suis arrivé. Je pose le vélo dans mon garage. Je crois sincèrement à ce moment que c'était la dernière fois que j'utilisais mon deux roues.

6

Cela fait une semaine que je ne fais plus de vélo. Plus l'envie, la motivation. Je ne veux pas m'entraîner pour seulement souffrir sans en retirer des sensations positives, ne serait–ce qu'après la séance. A la fin de ce dernier entraînement, je n'ai ressenti aucune satisfaction de l'avoir fait, aucun plaisir.

– Tu vas tout arrêter alors ? me demande ma femme alors que nous nous couchons.

– Je ne sais pas, je suis en plein doute. Jusque–là j'aimais les entraînements que je faisais même si c'était difficile, maintenant je ne suis pas sûr de vouloir continuer.

Même si au fond, je crois connaître la réponse.

– Tu peux faire une pause et reprendre plus tard, à la fin de l'hiver, quand le beau temps sera revenu.

– Si j'attends le printemps pour m'y remettre, ce sera déjà trop tard.

– Ah bon ? Il faut tant de temps que ça ?

– Tu crois que je m'entraîne depuis toutes ces semaines pour quoi ? avec un ton agacé.

– Je pensais que c'était pour voir un peu si ça te plaisait, pas déjà pour préparer ta course.

Elle s'arrête, le silence emplit la pièce.

– Mais on va arrêter d'en parler puisque tu t'énerves pour rien.

Elle se retourne de son côté.

– Pour rien ? Tu trouves que je m'énerve pour rien? Ça fait plus de trois mois que je m'entraîne comme un fou et toi tu dis que je fais ça juste pour voir, et ensuite tu dis que je m'énerve pour rien ?

– J'aimerais dormir, on en reparlera quand tu seras calmé.

Elle éteint la lumière.

Ce matin, nous prenons notre petit déjeuner silencieusement.

Une fois mon café avalé, je me lève pour débarrasser.

– Ce matin, c'est toi qui emmène les enfants à l'école, me dit–elle. Je dois arriver plus tôt au travail.

– Tu ne peux pas les mettre à la garderie ?

Elle me regarde dans les yeux, se lève en prenant son bol.

– Fais un effort pour une fois. Elle part vers la cuisine. Si tu ne sais pas oú est l'école, les enfants te guideront.

Sur le chemin, les enfants sont apparemment contents que ce soit moi qui les emmène.

– Ce sera toujours avec toi maintenant avec qui on ira à l'école ?

– Non, mais on fera ça plus souvent peut être.

Une fois ce devoir achevé, j'arrive au travail pile à l'heure.

A la pause de 10h, pour une fois depuis trois mois, je vais prendre mon café avec tout le monde.

– Eh ! Un revenant ! crie Daniel en me voyant arriver. Ça fait un bail.

Je lui lance un salut discret.

– Notre Ironman daigne se mélanger à la populace. Tu en es où de ton super entraînement ?

– J'ai laissé tomber.

– Ça n'aura pas duré longtemps ! Tu t'es rendu compte que c'était fatigant de s'entraîner ?

– Je ne prends plus de plaisir dans mes entraînements.

Je ne sais pas pourquoi je lui dévoile ça alors que je m'étais promis de ne plus lui en parler.

–Tu ne prends plus de plaisir ou tu te rends compte que c'est trop difficile et que ça demande trop de temps ?

– La quantité d'entraînement et le temps investi ne me font pas peur.

– Mais au final, tu abandonnes déjà. Tu as trop peur de devoir abandonner en pleine course, dès la natation. Il éclate de rire. Cette mesquinerie se propageant aux autres collègues présents.

– Je ne suis pas un lâche !

– Un lâche ? Non ! Une poule mouillée sans doute. Tu as juste ouvert les yeux, tu n'as pas le niveau c'est tout !

– Mais de quoi tu parles ? Les triathlons que tu fais ne dépassent pas les 2h30 et tu veux me donner des leçons !

– Au moins, j'ai déjà terminé un triathlon. Tout ce que tu connais de ce sport, tu l'as lu sur internet ! Va reprendre tes petits footings hebdomadaires, ça te va très bien.

– On en reparlera !

Je jette mon gobelet dans la poubelle d'un geste rageur et retourne dans mon bureau, hors de moi.

Il va voir si je suis une poule mouillée !

Ce soir au repas, Sophie m'a définitivement achevée :

– Tu sais, je ne suis pas sûr que tu aurais pu réussir un Ironman. Parmi ceux qu'on a vus cet été, ils avaient tous l'air très préparés avec beaucoup d'équipements.

J'encaisse sans broncher, je préfère ne pas répondre.

Hier, j'ai terminé mon dernier cours de natation. Avec toute la technique acquise, je me sens plus à l'aise dans l'eau.

– Tout ce qu'on a vu ensemble, il faudra le continuer par la suite. Toujours travailler la technique parce qu'il y a encore du boulot, m'a dit mon coach en me tapant dans le dos.

Je ne lui ai pas dit que finalement, je n'allais pas faire de triathlon.

Aujourd'hui, alors que Sophie et les enfants sont chez sa mère, je pars à la piscine pour me tester sur un 400m. Même si mon projet n'est plus d'actualité, je voudrais tout de même voir les progrès réalisés.

Après quelques longueurs d'échauffement, je commence mon 400m. Je sens que j'appuie bien dans l'eau, j'ai une impression de glisse, je sais que je vais vite. A mi parcours, l'effort commence à se faire sentir mais je reste concentré pour ne pas que mes mouvements se dégradent. Je termine le dernier 100m dans le dur, complètement explosé, mais je sais que mon chrono est bon. J'enlève mes lunettes pour regarder l'écran de ma montre : 7'25. C'est plus de 2 minutes de mieux que lors de mon dernier test. Je suis très satisfait. Sous la douche de la piscine, je me mets à calculer le temps que ça ferait sur 3800m. Cela devrait faire aux alentours d'1h10. Je ne sortirais pas premier, c'est sûr mais je serais dans la première partie du peloton. Il suffirait juste que je continue à travailler ma technique pour ça.

Je rentre chez moi, remonté à bloc et je m'installe devant mon ordinateur. Je me connecte sur le site du triathlon d'Embrun, je passe de page en page et prends le temps de tout relire comme si je découvrais les caractéristiques du parcours pour la première fois. Je termine sur la page d'inscription à la course. Je remplis les différentes cases.

Ma souris est sur le bouton de validation, j'hésite, mon doigt tremble. Je finis pas appuyer sans vraiment le vouloir. Je ne peux plus faire marche arrière.

J'ai été blessé par les réflexions de ma femme et de Daniel. Je veux leur montrer que je suis capable de le faire.

Ce n'est plus un défi personnel, ce n'est plus une course pour me dépasser. C'est une occasion de montrer aux autres que je suis quelqu'un de différent de celui qu'ils pensent connaître. Je veux gagner leur respect. Je veux que Daniel se taise et qu'il n'ait plus ce regard hautain sur moi. Je veux pouvoir dire à tous que j'ai fini un Ironman, que j'ai fait Embrun, malgré tous les doutes et les regards de dédain.

J'entends Sophie qui rentre avec les enfants. Je l'accueille dans l'entrée avec le mail de confirmation de mon inscription à la main.

– C'est quoi ça ? en regardant le papier. C'est quoi ce sourire ?

– Je me suis finalement inscrit.

Elle me prend la feuille des mains.

– Quoi ? Je pensais que tu avais laissé tomber cette drôle d'idée.

– Eh bien, tu vois, j'ai changé d'avis.

– Alors c'est sûr, tu vas le faire ? me dit–elle avec une touche de déception qu'elle ne peut dissimuler.

– Je pensais que ça te ferait plaisir de savoir que ton homme fasse un tel défi.

– Oui, oui. Elle me redonne la feuille. Je vais préparer le goûter des enfants.

Pendant que les enfants profitent de leur gâteau devant les dessins animés, je retourne dans la chambre.

Il fait de plus en plus froid et ça fait bientôt deux semaines que je ne me suis pas entrainé. Je dois trouver une solution pour m'entraîner en vélo malgré l'hiver.

Le triathlon est dans neuf mois. D'après ce que j'ai lu ici et là, il faut faire trois à quatre mois d'entraînements spécifiques pour être prêt. J'ai encore le temps avant de vraiment m'y mettre.

– Tu peux venir voir s'il te plait ?

Sophie m'extirpe de ma réflexion. A son intonation je sens qu'elle est tendue. Je la rejoins avec un agacement à peine dissimulé. Elle est assise sur le canapé, une tasse de thé à la main.

– Je suis contente que tu te sois engagée dans ce triathlon, mais est–ce que tu comptes t'investir dans notre vie de famille ? Parce que s'il faut que je m'occupe des enfants, des tâches ménagères, des courses, de la cuisine tout en bossant pendant que monsieur va se balader en vélo, je ne vais pas tenir jusqu'à août.

Je sens que ce qu'elle me dit est sincère et il faut que je désamorce la bombe.

– Tu as raison ma chérie. Evidemment, mon projet n'arrive qu'en deuxième position après vous. Je vais m'occuper du repas ce soir. Tu ne fais rien, tu te détends et tu profites de la soirée tranquillement.

Je la sens se détendre un peu. J'ai trouvé ce qu'elle voulait entendre pour faire retomber la pression.

Je sens bien qu'elle est à la limite de ce qu'elle peut supporter. Il va falloir que je fasse quelques efforts de temps en temps pour éviter qu'elle n'explose.

Mais ce qu'elle ne voit pas, c'est que je fais ça aussi pour elle, pour qu'elle soit fière de moi et qu'elle ne me voit plus comme le mec qui ne va au bout d'aucun de ses projets. C'est évident que les prochains mois vont être difficiles pour moi : pouvoir allier mon travail, ma vie de famille et mes entraînements mais c'est pour devenir quelqu'un de meilleur qui inspire le respect des autres.

J'ai hâte d'aller travailler le lendemain de ma course pour montrer ma médaille de finisher à Daniel et pouvoir lui rire au nez, lui qui ne fait que des petits triathlons. Je pourrai le rabaisser devant les collègues à chaque fois qu'il se vantera sur sa dernière petite course ridicule.

Je regarde ma montre, il est déjà 19h30. Je dois préparer le repas comme je l'ai promis à Sophie.

7

Depuis mon inscription à l'Ironman, bizarrement je trouve que la tension avec Sophie est retombée. Peut–être a–t–elle compris que je ne ferai maintenant plus marche arrière et qu'elle n'a d'autre choix que d'accepter le mien.

De mon côté, j'essaie de faire un maximum d'efforts pour l'aider : je vais plus souvent emmener et chercher les enfants à l'école et je m'occupe régulièrement des tâches ménagères, évidemment moins qu'elle, mais c'est toujours plus qu'avant.

En contrepartie, je les abandonne durant le week–end pour aller courir et aller rouler. Sophie a l'air de l'accepter, même si je n'en suis pas certain. Je préfère ne pas aborder le sujet pour ne pas raviver cette querelle.

Pour être honnête, en fait, on ne se parle plus beaucoup, enfin plus comme avant. Moi, ça me va, je peux me tourner entièrement vers mon objectif. Quand ce sera passé, on se retrouvera comme avant et je verrai la fierté dans son regard. La fierté d'avoir un mari Ironman.

De tout manière, je pense être moins absent à partir des prochaines semaines car je compte investir dans un home traîner. Le froid extérieur m'empêche de rouler autant que je le voudrais.

Bien sûr, c'est un budget supplémentaire mais je pense que ça en vaut la peine. Je ne vais pas faire de folie et m'offrir une version de base aux alentours des 200 euros.

De quoi bien m'entraîner pendant l'hiver.

Sophie et les enfants sont partis passer l'après–midi chez sa mère. Je lui ai dit que j'en profitais pour aller courir. J'ai attendu que la voiture démarre et ne soit plus visible pour prendre la mienne sans avoir mis ma tenue de course à pied. C'est un samedi froid et venteux. Il me faut des gants et un bonnet pour atténuer les frissons qui me parcourent le corps. Cette sensation me conforte dans mon choix : je vais acheter un home traîner. Je n'en ai pas parlé à Sophie pour ne pas risquer une nouvelle dispute, je vais lui en faire la "surprise". Ce sera plus facile pour elle d'accepter ce nouvel achat si je lui montre directement les côtés positifs pour moi : ne plus avoir froid ; et pour elle : qu'on reste ensemble les weekends.

Je démarre donc ma Renault qui a du mal à se réveiller par ce temps et prend la route du Décathlon le plus proche. Arrivé dans le magasin de sport, dans le rayon cycle, trois modèles différents de home traîner m'attendent. Je n'hésite pas, j'ai déjà repéré sur internet quel serait le mien : il paraît simple d'utilisation, avec une sorte de compteur qui pourra m'afficher ma vitesse, la distance, le chrono et la puissance que j'exerce sur les pédales. Je ne sais pas trop comment je vais me servir de cette dernière information mais j'ai lu sur les forums que c'était intéressant à connaître... alors, ça doit être utile.

De retour chez moi, ma famille n'est pas encore rentrée, tant mieux.

J'installe la machine dans le salon, c'est assez simple, ça mc rassure. Une brève lecture de son utilisation et me voilà en tenue de cycliste avec le vélo accroché à mon nouveau jouet. Les premiers coups de pédales sont difficiles mais voilà déjà les chiffres qui s'affairent sur l'écran du compteur. Je zappe d'information en information, j'exulte comme un enfant qui découvre son premier jeu vidéo. Dans les premières secondes, je suis gêné par le bruit que provoque le pneu sur la machine mais finalement je l'oublie complètement au bout de quelques minutes.

J'arrête mon premier essai d'un entraînement à l'intérieur pour ranger ce matériel avant que Sophie ne rentre afin d'amener cet achat calmement dans la conversation. J'en profite pour me doucher car après seulement 10 minutes de pédalage, je suis déjà en sueur, les gouttes sur le sol peuvent en témoigner.

J'entends enfin la porte claquer, je regarde ma montre, il est 19h.

Je ne sais pas ce qu'elle a pu faire avec sa mère, mais ce n'est pas dans ses habitudes de rester aussi longtemps chez elle.

Je l'accueille et l'embrasse, joyeux.

– Ça s'est bien passé chez ta mère?

– Oui et toi ? Ton après-midi ? Tu as dû avoir le temps de bien t'entraîner.

– Eh bien, en fait je ne suis pas allé courir. Je suis allé m'acheter un home traîner.

– C'est quoi ça encore?

Je sens que la tâche va être compliquée.

– C'est pour que je puisse m'entraîner tout en restant avec vous.

– Génial...

– Quoi, ça n'a pas l'air de te faire plaisir.

– Si, très.

– Attends, je te montre.

Je sors alors la machine que j'avais rangée dans la chambre et y installe mon vélo dans le salon.

– Parce que tu vas en faire ici, dans le salon ?!

– Oui, comme ça on pourra regarder la télé ensemble, ça va être super. Regarde.

Je monte alors sur le vélo et commence à pédaler avant qu'elle ne puisse réagir.

En entendant le bruit de la machine les enfants arrivent en courant dans le salon.

– Houa papa, c'est trop bien ! Tu fais du vélo dans le salon !

– Ah, tu vois, heureusement qu'il y a les enfants pour être contents.

– Tu peux parler plus fort, je ne t'entends pas ! Ça va faire toujours ce bruit ?

– Je ne sais pas vraiment, je suppose, oui.

– Arrête de pédaler ! Elle continue de crier comme pour accentuer le bruit.

Je m'exécute.

– En fait, tu me fais une blague. Tu me fais croire tu as acheté ça pour qu'on soit tous les deux alors qu'en réalité, c'est pour que je parte quand tu t'entraines!

– Mais non, ma chérie, pas du tout. Je pense qu'on va vite s'habituer au bruit et qu'on pourra regarder des films ensemble.

– Les enfants, allez jouer dans votre chambre.

Houla, ça sent mauvais ça.

– Bon, que ce soit bien clair. Tu t'es fais plaisir avec ce joujou, ok. Mais promets–moi que tu ne l'utiliseras pas quand je serai là, sinon je vais devenir folle.

– Mais je ne te suis pas. Tu m'as fait comprendre qu'il fallait qu'on passe plus de temps ensemble et maintenant que j'ai trouvé comment faire, tu ne veux plus.

Ses joues commencent à rougir.

– Tu te fous de moi ? Tu crois que c'est en amenant tes entraînements dans le salon que je vais être contente ?! Ce que je veux, c'est que tu passes du temps avec nous SANS t'entraîner. Pas en trouvant un stratagème bidon !

– Ok, c'est bon, j'ai compris. J'en ferai quand tu ne seras pas là.

– Merci, dit-elle en se dirigeant dans la salle de bains. Je vais prendre une douche, j'ai besoin de me détendre.

Je range mon matériel, vexé. Je ne comprends pas vraiment ce qu'elle veut. Je voulais faire une concession et trouver un terrain d'entente entre l'entraînement et la vie de famille, mais ça non plus ça ne lui plait pas.

8

Cela fait 2 semaines que j'ai mon home traîner. Malgré le fait que je ne puisse pas en faire quand Sophie est là, j'arrive tout de même à trouver des moments pour l'utiliser. Parfois le matin quand elle prend le travail plus tôt et qu'elle emmène les enfants à l'école et de plus en plus souvent le soir lorsqu'elle passe prendre un verre chez une amie, Claire, avant de rentrer. Dans ces cas là, je mets les enfants devant un dessin animé dans leur chambre le temps de faire ma séance d'entraînement.

Ce soir, elle rentre joyeuse et m'embrasse amoureusement.

– J'ai hâte d'être dans deux semaines. Ça va nous faire du bien de partir sans les enfants, juste tous les deux, pour nous retrouver.

Pour ne pas la vexer, je l'embrasse tout en cherchant ce qu'on a prévu, mais elle voit ma perplexité.

– Quoi ? Tu as oublié ?

Et là, tout me revient : on avait prévu de partir 3 jours à Rome pour nos 10 ans de vie commune.

– Mais non, bien sûr. Notre weekend, ça va être super !

Mais je pense à mes entraînements que je vais rater durant ces trois jours. Pour le vélo, c'est fichu.

– J'ai prévenu ma mère, elle gardera les enfants. Je viens de regarder avec Claire tout ce qu'il y a à visiter, il y a de quoi faire, on ne va pas avoir le temps de s'ennuyer.

– Tu as prévu des musées ?

– Bien sûr.

– Ok.

Elle sait que je n'ai jamais aimé les musées, mais bon, je ne vais rien dire. Après, elle ne pourra pas dire que je ne fais pas d'effort dans notre couple.

Il va falloir que je réfléchisse à ma semaine d'entraînement pour essayer de compenser ces trois jours où je ne ferai rien.

– Tu sais, par rapport à mes entraînements. Comme je ne pourrai pas trop en faire à Rome,...

– Oh, c'est bon. Ce n'est pas parce que tu ne t'entraines pas trois jours que c'est la fin du monde. Ta course, c'est dans huit mois, alors tu as le temps.

– Je pensais juste que je pourrai faire une ou deux séances sur mon home traîner en plus.

– Tu fais ce que tu veux tant que je ne suis pas là, aboit elle, agacée.

– Ok, je m'arrangerai.

– Moi, je te parle de weekend romantique à Rome et toi tu me parles de ta machine pour ton vélo. Il faut vraiment que tu redescendes avec ton sport !

– Tu as raison, ce week–end va être bien, en la prenant dans mes bras pour essayer de la calmer.

Au fond de moi, je sais qu'elle n'a pas raison. Je ne vais pas laisser un week–end gâcher la préparation d'un Ironman. Je pourrai peut–être réussir à caser un ou deux entraînements à pieds quand on sera à Rome.

L'avion vient de décoller. Je suis finalement heureux de partir avec Sophie, même si je culpabilise un peu de délaisser mon entraînement. Je pense que ce séjour va faire du bien à notre couple, il va nous ressouder. Dans mon sac, j'ai évidemment glissé mes runnings, je pense qu'elle ne dira rien si je vais courir un peu.

Cette semaine, j'ai réussi un peu à compenser en faisant du vélo les matins et les soirs où j'en ai eu l'occasion. Sur ma dernière séance, j'ai ressenti une petite douleur derrière le genou droit, mais rien de grave. Avec ces trois jours sans vélo, ça va passer.

Nous arrivons à Rome en début d'après-midi et prenons un taxi pour rejoindre notre hôtel.

Il est bien situé, proche du centre de la capitale. Une fois nos valises laissées dans la chambre, Sophie sort un papier de son sac.

– C'est quoi ?

– C'est le programme de ce weekend.

– Quelle organisation.

Je l'embrasse sur la joue.

– Allez, c'est parti, me dit-elle en souriant.

Durant cet après–midi, nous avons arpenté les pavés de la ville en nous arrêtant à chaque bâtiment ou presque pour prendre des photos et lire les descriptions de ces monuments sur notre guide et les visiter.

Quand nous sommes rentrés à notre hôtel, j'avais des images plein la tête mais sans avoir retenu les noms, l'histoire ou encore l'architecture des bâtiments.

– C'est très joli, me sourit-elle.

– Oui, mais on a dû tout faire là, qu'est ce qu'on va faire les prochains jours ?

– Tu rigoles, les deux prochains jours vont être tout aussi chargés.

Je ressens une grosse baisse de motivation.

– On va manger ? J'ai repéré le restaurant dans le guide qui a l'air vraiment bien.

Ça a ses bons côtés d'avoir une femme organisée.

Le cadre du restaurant est romantique. Les plats sont plutôt bons. Nous nous sommes détendus.

Elle me donne alors le programme de demain. Je l'écoute d'une oreille. En même temps, je tâtonne l'arrière de mon genou droit. A force de marcher, je ressens toujours ma douleur.

– Ça va ? me demande-t-elle. Tu as l'air tendu.

– Non, ça va. Je me sens bien.

Je me force à lui sourire.

La conversation dérive ensuite vers le triathlon, elle me pose des questions, s'intéressant de nouveau à mon projet, ma nouvelle passion. Je m'empresse de répondre à ses questions, excité. Je développe même plus qu'il n'en faut, comme un professeur étalant son savoir face à une étudiante.

J'ai l'impression de retrouver ma femme, celle que j'aime, qui me soutient dans mes projets.

Ce soir, nous nous endormons dans les bras l'un de l'autre.

Je me réveille, il est 6h. Sophie ne se réveillera pas avant au moins une heure.

Je me glisse hors du lit, enfile ma tenue de sport que j'avais placée sous mes autres affaires avec mes runnings.

Je pars courir dans les rues de Rome. Rien de tel qu'un petit entraînement à jeun. Je ressens mon genou sur certains appuis mais globalement, ça tient.

Une fois ce footing terminé, j'ouvre doucement la porte de la chambre, je découvre Sophie sortant de la salle de bains. Elle vient visiblement de prendre sa douche.

– Tu n'as pas pu t'en empêcher ! me dit-elle agacée, mais je perçois un sourire sur ses lèvres. La soirée de la veille l'a détendue.

– Je me suis réveillé tôt ce matin et je n'arrivais plus à dormir alors je me suis dit que je pouvais aller courir le temps que tu te réveilles.

Elle s'approche de moi et me prend par le cou.

– Mais j'aurais bien aimé me réveiller à côté de toi pour faire un câlin.

– Il n'est pas trop tard.

– Tu rigoles, tu pues. Va prendre ta douche, m'ordonne-t-elle en riant.

La suite du week–end s'est déroulée comme il avait commencé, des balades dans la ville, des visites, des lectures du guide, mais nous étions bien ensemble. Sophie avait raison, nous avions besoin d'être juste tous les deux.

Une seule chose me gênait toujours, mon genou droit me rappelait à l'ordre à chaque pas que je faisais dans la ville.

9

Je monte, anxieux, sur mon vélo attaché à mon home traîner (depuis que je l'ai acheté, je n'ai pas eu le courage de braver le froid à l'extérieur). Dès les premiers coups de pédales, mon anxiété se transforme en découragement, mon genou me fait toujours souffrir. Évidemment, la douleur ne pouvait partir en une nuit, mais j'avais l'espoir qu'elle se serait atténuée.

Je ne sais plus quoi faire. Est ce que je continue à m'entraîner malgré la douleur en espérant qu'elle disparaisse progressivement ? Est ce que j'arrête tout effort physique ? Est ce que je dois aller consulter un médecin ?

Je me tourne vers mon ordinateur en espérant trouver mes réponses.

En recherchant ma douleur sur internet, je comprends qu'elle est sans doute due à ma position sur mon vélo. Mais ça ne me dit pas comment la soigner. Je continue mes recherches et tombe sur un site expliquant qu'il s'agit d'une tendinite et que je ne dois pas m'entraîner pendant trois semaines en appliquant régulièrement du froid et de la crème anti–inflammatoire.

En allant au travail, je passe rapidement à une pharmacie pour me procurer cette fameuse crème.

Alors que j'entre dans mon bureau, Je croise Daniel que je n'ai pas vu depuis mon inscription à ma course.

– Salut, alors tu as digéré ta désillusion ?

– Figure toi que je me suis inscrit.

– Non, tu déconnes?

– Vas vérifier la liste des inscrits si tu ne me crois pas.

– Et tu as repris l'entraînement à fond ?

– Peut-être un peu trop, en lui montrant mon sac de la pharmacie.

– Ah merde, qu'est-ce qu'il t'arrive ? avec un ton grave.

Je n'arrive pas à savoir si c'est du sarcasme.

– J'ai une douleur derrière le genou, sans doute dû au vélo.

– C'est ça les mecs qui se prennent pour des triathlètes. Bon courage pour ta convalescence.

Je me dis que ce n'est pas avec les entraînements qu'il doit faire qu'il a des risques de se blesser.

Je profite de ma pause pour m'appliquer de la crème. J'avais espéré un effet immédiat mais je ne ressens aucune amélioration. Il va falloir que je prenne mon mal en patience.

De retour à la maison, je sors des glaçons du congélateur et je les enroule dans un torchon. Je m'allonge sur le canapé en caleçon pour m'appliquer la poche de glace.

Quelques minutes plus tard, Sophie rentre avec les enfants.

– Qu'est-ce que tu as papa ? Tu es malade ? me demande Cléa apeurée.

–Chérie, tu es tombé ? tu t'es fais mal ?... Je vois de l'angoisse dans ses yeux.

– Non, je ne suis pas tombé. Je suis blessé.

– Blessé ? Qu'est qu'il s'est passé ? On t'a attaqué ?

– Mais non ! répliqué-je agacé. J'ai une douleur derrière le genou.

– Ah, ok et tu appelles ça une blessure ? Je pensais que tu avais reçu une balle ou quelque chose comme ça.

–Habituellement j'aime bien ton humour, mais là, c'est moyen. J'ai une tendinite, je ne vais pas pouvoir m'entraîner pendant trois semaines.

– Cool, on va pouvoir être ensemble, me dit-elle en me tirant la langue.

– Hum, il faut voir le bon côté.

Elle s'approche de moi, se penche au-dessus du canapé.

– J'espère que ça va passer vite mon chéri, en m'embrassant.

Je tourne en rond. J'avais donné l'habitude à mon corps de se dépenser et maintenant plus rien. J'ai été forcé de prendre du repos et je bouillonne de ne pouvoir m'entraîner. A la place, je suis allongé dans le canapé avec une poche de glace comme chaque soir depuis une semaine.

La porte se ferme, Sophie passe la tête par l'ouverture de la porte.

– Tu peux venir m'aider à ranger les courses ?

Les enfants traversent le salon pour s'assoir dans le canapé et allumer la télé.

– Non les enfants, vous allez d'abord dans votre chambre. Mathieu, tu fais tes devoirs et on verra ensuite pour la télé.

Les enfants s'exécutent tout en ronchonnant.

Je m'approche de Sophie pour l'embrasser. Elle me rend un baiser rapide.

– Tiens, en me donnant deux gros sacs remplis. Tu peux aller ranger ça ?

– Oui, ça va toi ?

– Oui, tout va bien, avec un ton sec.

– Qu'est-ce qu'il y a ?

– Tu ne trouves pas que tu abuses là ? On ne t'a pas emputé d'une jambe, tu peux encore marcher. Alors tu pourrais au moins aller les chercher à l'école quand je dois aller faire les courses.

– C'est juste qu'il faut que j'évite de faire trop d'efforts pour que ma douleur passe rapidement.

Son regard me pétrifie sur place.

J'essaie de récupérer la situation.

– Mais tu as raison, je ne suis pas alité. J'irai les chercher demain.

– Tu es trop bon mon seigneur.

Je me rapproche d'elle doucement.

– Allez, tu ne vas pas me faire la tête pour ça.

Je sens qu'elle prend sur elle pour faire redescendre la pression.

– Ok, mais c'est toi qui prépares à manger ce soir, dit-elle en s'asseyant sur le canapé.

Au moment de ranger les courses, je me dis que ma douleur n'a pas vraiment évolué depuis une semaine. Elle est toujours présente avec quasiment la même intensité.

Je me tourne vers Sophie, accaparée par une émission de télé.

– Et tu ne m'as même pas demandé comment allait mon genou… Ma douleur est toujours là et ça m'inquiète de plus en plus.

– Ah... Peut-être devrais-tu consulter un médecin, me suggère-t-elle d'un air absent.

J'ai l'impression qu'elle ne mesure pas l'impact que cette blessure a sur moi, sur mon humeur.

– Tu sais, ce n'est pas grave si tu ne peux pas faire ton Ironman, me répondant comme si elle avait lu dans mes pensées. Avant tu ne faisais rien et tu t'en portais très bien.

Je ne dis rien, je préfére ne pas rentrer dans cette discussion qui, à coup sûr, se transformerait en dispute.

Je pense à ce souci de vélo qui ne serait pas adapté. Peut-être que je devrais retourner chez mon vélociste pour vérifier les mesures. Mais une nouvelle idée m'apparut, lumineuse, excitante.

– Je vais un peu sur le pc, déclaré-je en sortant de la cuisine.

J'allume mon ordinateur avec l'intention de regarder les annonces pour m'acheter un nouveau vélo qui me correspondrait et qui serait plus performant.

Après près d'une heure à rechercher une nouvelle monture, je suis fasciné par les vélos d'occasion que j'ai pus voir. En piochant dans mon argent de côté, je serai prêt à mettre environ mille euros pour me permettre d'être mieux en roulant. Alors que je suis en train de lire attentivement une annonce d'un vendeur, Sophie entre dans la chambre. J'ai à peine le temps de fermer la page web. Je ne préfére pas qu'elle découvre maintenant mon projet de vélo.

– J'ai pensé à quelque chose, comme tu es "blessé", tu as plus de temps. On pourrait recommencer les visites de maisons qu'on avait laissées tomber.

C'est vrai que cet autre projet m'était sorti de la tête.

– Oui, c'est une bonne idée. On fait comme les dernières fois, tu regardes les annonces en fonction de nos critères et on visite quand tu penses que c'est intéressant.

– Tu ne voudrais pas regarder avec moi ? me demande–t–elle d'un ton mielleux.

Elle s'assoit sur mes genoux et tape sur le clavier des sites d'annonces.

Je verrai plus tard pour mon vélo.

Ce que j'ai dit à Sophie n'est pas tombé dans l'oreille d'une sourde. Les visites se sont enchaînées cette semaine. Nous en avons vu quatre jusqu'à aujourd'hui, samedi. Et nous en avons prévu rien moins que cinq ce weekend. Pour des raisons de logistiques, les enfants nous ont accompagnés cette semaine. Ils ont été ravis d'apprendre notre projet et ils envisagent déjà les couleurs de leurs nouvelles chambres. Mais je ne suis pas sûr que ce fut une bonne idée de les faire prendre part à ces visites. Ils sont tellement contents que j'ai peur qu'ils soient déçus si ce projet ne devenait pas concret rapidement. Pour l'instant, aucune des maisons visitées ne nous a complètement satisfaits.

Pour Sophie, il s'agissait de la pièce à vivre qui n'était pas assez grande. Pour moi, c'était les travaux à faire qui me paraissaient trop importants.

– Avec cinq maisons en une journée, on aura fait une overdose avant ce soir.

– On en sera quasiment à dix en une semaine, on commencera à avoir une petite idée de ce qui est réellement réalisable avec notre budget, me répond–elle.

– Et peut–être qu'on va trouver notre maison aujourd'hui, réagit Mathieu se penchant entre nos deux sièges avant.

– Tu sais, ça peut prendre beaucoup de temps avant de trouver une maison… Des mois, peut–être des années, en essayant de calmer son enthousiasme.

– Des années, tu en fais trop Thierry. Des mois, tout au plus, mon bonhomme, affirme-t-elle plus rassurante en se tournant vers Mathieu.

– Cool ! s'exclame–t–il en se calant dans son siège.

– Tu ne trouves pas que tu exagères là ? me demande–t–elle exaspérée, alors que nous passons le palier de l'appartement.

– Quoi ? Je trouve que la maison manque de luminosité, je ne vais pas te dire qu'elle me plait alors que c'est faux.

Nous revenons de la cinquième visite de la journée. Je n'en peux plus. Je n'ai plus les idées claires. Les quatre premières étaient banales, sans rien d'exceptionnel. Mais la cinquième était différente, c'est vrai. Sophie a eu tout de suite le coup de cœur, je l'ai bien vu. Toutes les pièces répondaient à nos critères avec en plus un certain cachet.

– Elle ne te plait pas du tout ? continue Sophie.

– Parmi toutes les maisons qu'on a vues, c'est celle qui est la mieux.

– Ah ! Quand même.

– Mais je pense qu'on peut trouver mieux.

– Trouver mieux ? Qu'est–ce que tu veux de mieux ?

– Pas assez de luminosité.

– Arrête avec ta luminosité. Tu le trouves lumineux notre appartement ?

– Non, mais là, c'est pour acheter NOTRE maison, pas pour louer.

Je reste quelques secondes silencieux, essayant de remettre mes idées en place.

– Laisse–moi un peu de temps, on a vu cinq maisons aujourd'hui, une dizaine cette semaine. Je les mélange un peu toutes.

– Ok, on n'en parle plus ce week–end pour tu puisses y réfléchir tranquillement à tête reposée, me dit–elle vexée.

Ce à quoi je réfléchis maintenant, c'est que mon genou ne me fait plus mal.

10

Ce matin, lundi, alors que Sophie est partie emmener les enfants au centre, j'ai un peu de temps avant d'aller travailler. Je ressors mon home traîner que j'ai délaissé pendant plus de deux semaines. Je pose mon vélo et le fixe à la machine, fébrile. Est–ce que je ne devrais pas attendre encore une semaine avant de tester mon genou ?

– Allez, juste un petit test de 15 minutes pour voir, me parlant à moi–même à voix haute.

Mes premiers coups de pédales sont timides, je n'ose presque pas appuyer. Mais au bout de quelques tours de pédaliers, je me rends compte à quel point ça m'avait manqué. Je me sens bien. Je suis en train de faire ce qui me plait réellement.

Je regarde ma montre, cela fait 10 minutes que je roule sur place, sans douleur, même pas une petite gêne. Je m'arrête raisonnablement 5 minutes plus tard. Le test est concluant. Je vais attendre encore quelques jours avant de reprendre la course à pied et si ça tout va bien, je pourrai de nouveau m'entraîner normalement.

– Alors, tu as réfléchi ? Tu as pris une décision ? me demande Sophie alors que nous dînons.

Pendant un instant, je suis désappointé, comment sait–elle que j'ai pris la décision de reprendre l'entraînement.

– On va acheter la maison qu'on a vue samedi ? dit Mathieu enthousiaste, me sortant de ma torpeur.

– Ah, eh bien je ne sais pas trop.

– Je m'en doutais. Alors j'ai pris rendez–vous pour une contre-visite demain soir, me répond–elle froidement.

– C'est une bonne idée…

Nous passons de pièce en pièce. Je sens bien le regard de Sophie posé sur moi à chaque pas dans la maison. Elle veut déchiffrer mes pensées. Nous nous sommes mis d'accord de ne rien dire pendant la visite et de débriefer ensemble ensuite.

Une fois la contre-visite terminée, nous nous retrouvons dehors, seuls. Nous avons laissés les enfants à sa mère.

Le manque de luminosité n'est plus le seul défaut que je trouve à cette maison.

– Elle me plait toujours autant, affirme–t–elle.

– Moi, c'est le contraire. Alors que je la trouvais vraiment bien, l'agencement des pièces ne me convient plus. La salle de bains est entre les deux chambres des enfants, elle est loin de la nôtre et il faut passer par la cuisine pour atteindre le salon.

Elle me regarde, silencieuse, puis me dit d'un ton étrangeusement posé :

– J'en étais sûre. Je le sentais.

Elle me regarde dans les yeux.

– Tu ne veux pas acheter de maison.

– Mais c'est pas ça, c'est juste que celle–ci ne me convient pas.

– Si celle–ci ne te convient pas, aucune ne te conviendra. Il y a un autre problème.

– Mais non, vraiment !

Je ne sais pas comment m'en sortir. Je l'invite à monter dans la voiture.

– C'est peut–être encore un peu tôt, dis–je en démarrant le moteur.

– Un peu tôt ? Ça fait dix ans qu'on est ensemble, on a deux enfants. Et tu trouves que ça fait un peu tôt ?

– Mais non, pas par rapport à ça.

Je ne sais pas comment lui dire.

Nous regardons devant sans nous parler pendant quelques instants. Elle attend que je me jette à l'eau, j'en suis sûr. Mais comment lui expliquer sans la vexer.

– Tu sais, par rapport à mon genou, ça va mieux.

– Je n'en étais pas tout à fait sûre…Tu veux annuler notre projet maison pour un triathlon ?! Mais tu te fous de moi !

Apparemment, je n'ai pas réussi à ne pas la vexer.

– On pourrait juste attendre début septembre.

– Et puis quoi ? Tu trouveras une nouvelle idée, gravir l'Everest, tourner un film, voyager dans l'espace ? Je ne comprends pas, je ne TE comprends plus.

– Juste patienter quelques mois et on pourra avoir notre maison.

– Mais pas celle–ci.

Elle se tourne pour me fixer.

– Pourquoi ce ne serait pas toi qui repousserais ton triathlon à l'année prochaine ? Cette année, on achète la maison et tu fais ton projet l'année suivante.

– On est à quasiment 6 mois du départ, je me suis déjà bien entrainé, je ne vais pas arrêter maintenant.

Et puis, je me suis déjà inscrit, je perdrais de l'argent si je ne le faisais pas !

Là, j'ai l'impression d'avoir trouvé le bon argument.

– Parce que tu vas gagner de l'argent à le faire. Tes 300€, tu les as déjà perdus.

– Tu n'as vraiment rien compris, d'un ton sec.

Nous arrivons chez nous. Elle descend de la voiture en claquant la porte et en fait le tour.

– Tu fais quoi ?

– Je te rappelle qu'on a deux enfants, je vais les chercher.

– Tu veux que je t'accompagne ?

– Non, profites–en pour t'entraîner.

11

De nouveau la tension est revenue entre nous. Alors que je pensais que notre weekend à Rome nous avait ressoudés, il n'a pas fallu grand–chose pour que ça bascule.

Nos conversations sont réduites au minimum. Nous ne nous engueulons pas puisque nous ne nous parlons plus.

Ce soir, au diner, comme depuis quelques jours, nous sommes tournés vers la télévision, comme absorbés. Elle est devenue un prétexte à notre silence.

– Pourquoi vous ne parlez pas ? nous demande Mathieu.

Je regarde Sophie puis elle détourne son regard.

– On est un peu fatigués en ce moment mais ce n'est pas grave, lui répond–elle.

– C'est pour ça qu'on ne visite plus de maison ?

– Oui, c'est pour ça…

– Moi, j'aimais bien voir les maisons, dit Mathieu, déçu.

– Mais on en revisitera plus tard, lui dis–je pour lui remonter le moral.

– Ah bon ? Quand ?

– Je sais pas. Pas tout de suite,…

– En septembre, répond Sophie froidement.

– C'est dans longtemps, dit Mathieu en boudant.

– Oui, dans très longtemps mon chéri.

Je me lève pour débarrasser et demande à Sophie de m'accompagner.

Je la prends à partie dans la cuisine.

– Ce n'est pas parce que tu es vexée qu'on reporte le projet maison qu'il faut le faire payer aux enfants.

– Il a le droit de savoir qu'on n'achète pas de maison.

– Tu aurais pu lui glisser plus finement.

– Mais TU aurais dû le lui dire. C'est quand même toi qui ne veux pas acheter.

– Arrête, tu sais bien que je veux avoir une maison mais je te demande juste d'attendre quelques mois.

– Tu es affreusement égoïste ! s'exclame-t-elle avant de regagner le salon.

Le mot était sorti, égoïste. Pour une fois que je me lance dans un projet personnel qui ne dure que quelques mois, je ne penserais qu'à moi ? Et elle qui veut absolument une maison maintenant quitte à ne pas être à l'écoute de mes envies, c'est quoi si ce n'est de l'égoïsme ?

Une fois la table nettoyée et les enfants couchés, je me tourne vers mon ordinateur alors que Sophie est dans le canapé devant la télévision.

Je me relance dans ma recherche de vélo.

Au bout de quelques clics, j'en trouve un d'occasion qui est disponible dans un magasin de vélo proche de chez moi. Je ne suis pas sûr que ce soit le meilleur pour mon budget (je ne m'y connais pas suffisamment), mais j'en veux un rapidement. J'ai l'impression d'en avoir besoin pour me propulser complètement vers Embrun et sans doute pour oublier notre querelle de maison.

Je sors du bureau le sourire aux lèvres, excité comme un gamin. Cet après-midi, j'ai appelé le magasin : le vélo m'attend ! Je sais que Sophie doit aller chercher les enfants ce soir au centre. J'ai donc quelques heures devant moi.

Je monte dans la voiture. Tout en roulant, je pense à tous les entraînements que je vais pouvoir faire avec ma nouvelle monture, les sensations que je vais avoir avec ce vélo carbone, la vitesse à laquelle je vais rouler. J'ai des étoiles plein les yeux.

Je rentre chez le vélociste pour me présenter. Un homme, grand, en jean et en polo à l'effigie du magasin part dans sa réserve et revient quelques secondes plus tard avec un vélo rouge et noir. Pendant un instant, j'ai pensé qu'il s'était trompé.

– Voilà, votre nouveau vélo, monsieur.

Il le pose à côté de moi. Je reconnais la marque que j'avais vue sur les photos, c'est bien celui–ci. Je n'en reviens pas. Il est encore plus beau que ce que j'avais vu sur internet. Il me semble neuf et performant.

– Je vais prendre quelques cotes pour vous le régler.

Après m'avoir mesuré quelques segments et modifier les réglages du vélo, il me demande de l'essayer dans la rue.

Je suis en chaussures de ville, mais je me sens bien dessus. Les sensations me semblent complètement différentes. En effet, le vélo me parait plus rigide, répondant mieux à mes coups de pédales.

– Il est parfait, en rentrant de nouveau dans le magasin.

– Parfait, n'hésitez pas à revenir si vous avez un problème, me dit–il machinalement. Vous désirez autre chose ? Un compteur ? Un casque ? Des chaussures ?

– Non, merci, j'ai déjà tout ça, d'un air sûr de moi.

Je repars avec un vélo à côté de moi. Je suis fier.

Je démonte la roue avant pour pouvoir le faire rentrer dans ma Renault. Je remarque alors que les leviers de vitesse ne sont pas sur le cadre. D'après ce que j'ai lu, ils doivent être au niveau des freins. J'hésite à retourner voir le vendeur pour lui demander comment passer les vitesses mais je n'ai pas envie d'avoir l'air d'un amateur. Je trouverai bien comment faire. Au pire je regarderai une vidéo sur internet.

Arrivé chez moi, je range mon nouveau vélo dans la cave. J'ai un peu honte de le laisser là. Il aurait plutôt sa place dans l'appartement, mais je vais essayer de ménager Sophie et de lui glisser la nouvelle en douce.

Je compte bien profiter de ce dimanche un peu moins froid que les autres pour aller essayer mon nouveau vélo.

– Tu vas où ? me demande Sophie alors que je sors du lit.

– Je vais faire du vélo, je reviens pour le déjeuner.

Elle se retourne et grommelant une phrase que je ne réussis pas à comprendre.

Après un petit déjeuner rapide : un verre de jus d'orange et deux tranches de pain de mie au beurre, Je m'habille chaudement en enfilant trois couches de vêtements.

Je descends à la cave pour retrouver mon magnifique vélo. Je le sors, un frisson me parcours quand je sens le vent froid sur moi. Vivement que la température augmente.

Mais je suis décidé : je pars pour 3 heures, ma première grosse sortie vélo de ma préparation.

J'enfourche mon nouveau destrier. Dès les premiers coups de pédales, je me sens bien. Je sais que je peux aller vite. C'est d'ailleurs ce que je fais, j'ai l'impression que mon vélo réagit efficacement à ma puissance. La première heure se passe comme sur un nuage, je n'ai jamais roulé aussi vite et je ne ressens aucune fatigue. Maintenant, c'est sûr, je vais réussir Embrun !

Les kilomètres s'enchaînent. Je me retrouve sur des routes de campagnes agréables, il y a très peu de voitures, je croise des cyclistes que je salue. Ce sport, c'est une grande famille, même si tous ne répondent pas à mes gestes. Le parcours n'est pas réellement plat, il y a beaucoup de relances dans lesquels je me fais plaisir à envoyer les watts.

J'attaque la troisième heure. J'ai l'impression que la fin du parcours est plus difficile. Les relances me semblent de plus en plus longues et pentues. Je m'hydrate de plus en plus, mais je sens que ça ne me suffit pas. Il me manque autre chose : je commence à avoir faim. Pas la petite faim que l'on peut faire patienter jusqu'au repas. Non, la faim qui nous fait saliver en pensant à toute sorte de nourriture bien grasse ; des pains au chocolat, des pizzas, des burgers, des frites. Il ne me reste plus qu'une heure, je dois pouvoir tenir.

Mais j'arrive devant une côte qui me paraît insurmontable, je n'en vois pas la fin. Je mets mon plus petit braquet mais malgré cela chaque coup de pédales semble être le dernier. Je n'ai plus de force, ma vision n'est plus nette, des tâches noires l'obscurcissent. Mes jambes ne veulent plus souffrir. Je sens que je vais tomber et j'ai tout juste le réflexe de retirer ma chaussure droite de la pédale. Je pose le vélo sur le bord de la route et m'allonge à côté.

Quelques minutes plus tard, ma tête ne tourne plus, ma vision est redevenue normale. J'essaie de me relever mais mes jambes me rappellent à l'ordre. Je ne vais pas pouvoir remonter sur le vélo. Je m'en veux de ne pas avoir pris de quoi m'alimenter.

Mais je dois penser à ma situation, je fais la liste des solutions qu'il me reste : attendre ici jusqu'à ce que je me sente mieux et repartir mais ça ne calmera pas ma fringale ; faire du stop mais il y a très peu de voiture par ici et il y a peu de chances qu'ils aillent directement chez moi ; appeler Sophie pour qu'elle vienne me chercher, mais elle verrait mon nouveau vélo et ce n'est pas de cette façon que je voulais lui présenter.

Je songe à ces idées, jonglant avec le pour et le contre de chaque solution.

Au bout de quelques minutes assis sur l'herbe au bord de la route, je me résigne et sors de ma poche mon téléphone, je compose le numéro de ma femme.

Elle décroche.

– Coucou ma chérie, ça va ?

– Oui, ça va. Tu es où là ? C'est gentil de m'appeler quand tu fais du vélo.

– En fait, j'aurais besoin de toi.

– Ah, je me disais aussi... Qu'est-ce qu'il y a ?

– Je crois que je fais une hypoglycémie, je suis mort, je n'arrive plus à pédaler. Est ce que tu pourrais venir me chercher s'il te plait ma chérie ?

– Quoi ? En plus de partir trois heures, je dois aussi perdre mon temps ?

– Sinon, je peux rentrer à pied, mais je n'arriverai que ce soir.

Sophie ne répond pas. Elle a peut être raccrochée.

– Tu es toujours là.

– Tu es où ?

– Je suis à Monget, c'est à une vingtaine de kilomètres.

– Oui, je sais où c'est. J'arrive.

Je n'ai pas le temps de la remercier qu'elle a déjà raccroché.

Une demi-heure plus tard. Il n'y a toujours personne. Seules quelques voitures se sont arrêtées pour me demander si j'avais besoin d'aide. Mais normalement "l'aide" était en route. Plus les minutes passent plus je doute du fait que Sophie vienne me chercher. Ce serait une bonne façon pour elle de me faire payer mon refus de notre projet maison. Mais elle aurait dû me dire par téléphone de me débrouiller.

Je sors mon téléphone pour la rappeler, alors qu'une voiture que je reconnais se gare devant moi. Sophie en descend, le regard sévère.

– Coucou, lui dis-je en l'embrassant. Merci beaucoup d'être venue... tu as eu un problème sur la route ?

Des éclairs jaillissent de son regard.

– Si tu préfères, je peux repartir mais figure toi qu'on a des enfants et que je ne pouvais pas les laisser tous seuls à l'appart'. J'ai appelé maman pour qu'elle vienne les garder.

Je reste silencieux, honteux de ne pas avoir pensé à cette organisation.

– C'est quoi ça ? me demande–t–elle en se tournant vers mon vélo.

– Je voulais t'en parler, je voulais trouver le bon moment, d'un ton hésitant.

– Là, je pense que c'est le bon moment, explique moi !

– J'ai trouvé une bonne occasion, c'est un super vélo. Tu comprends je ne pouvais pas continuer avec mon vieux vélo, je me sens beaucoup mieux avec celui–ci.

– Une bonne occaz ? Tu l'as payé combien ?

– Mille euros, en lui murmurant d'un souffle.

– Quoi ? Alors tu pinailles quand on prévoit des vacances parce que ça coûte trop cher mais tu mets mille euros dans un vélo alors que tu en as déjà un ?!

Elle marque un temps d'arrêt.

– Eh bien, tu sais ce que tu vas faire ? Tu vas rentrer avec tout seul puisque tu es si bien avec ton vélo.

Elle remonte dans la voiture en furie, allume le moteur. Je reste bouche bée, ne pouvant réagir. Elle avance de quelques mètres pour se mettre à mon niveau et ouvre la fenêtre du passager.

– Tiens, pour ne pas que tu meurs de faim.

Elle me jette un paquet entouré de papier alu et démarre en trombe.

Je reste là, quelques instants figé avec mon papier alu entre les mains.

Je l'ouvre, un sandwich est à l'intérieur. Je me sens encore plus honteux de ne pas lui avoir parlé de mon achat. Je suis touché par son geste. Je l'imagine préparer cet encas alors qu'elle devait attendre sa mère pour garder les enfants. Tout ça pour moi, parce que je suis planté là à ne plus pouvoir rouler.

Je m'assois sur l'herbe et mange mon sandwich. Quelques minutes plus tard, je sens mes forces revenir et remonte sur le vélo pour rentrer doucement.

12

Notre relation a mal vécu cette longue sortie « vélo ». Depuis trois semaines, nous cohabitons ensemble, rien de plus. Dès qu'elle le peut, Sophie se retranche chez Claire ou chez sa mère avec les enfants. Je ne sais pas exactement ce qui l'a plus contrariée, de devoir venir me chercher ou le nouveau vélo ? Sans doute l'accumulation des deux. Je ne suis pas allé à la confrontation pour en savoir plus. Je pense que ça ne ferait qu'aggraver la situation. En laissant du temps, ça ira mieux et elle reviendra progressivement vers moi.

Je profite de ce temps pour organiser mes entraînements. Quand Sophie va chez sa copine, elle me laisse les enfants. Je peux tout de même faire du home traîner.

Ce soir, alors que ma femme regarde la télévision, sans doute une série pour filles, je me mets en place devant l'ordinateur. Place que j'occupe la plupart des soirs depuis une semaine. Je commence ma recherche pour un plan d'entraînement détaillé pour Embrun. Au bout de quelques minutes, j'en ai déjà trouvé une dizaine mais ils sont trop généraux à mon goût. Ce sont des programmes pour un Ironman et non pas l'Embrunman. Il s'agit du triathlon le plus dur du monde alors je veux un entraînement à la hauteur. 180km de vélo sur un parcours plat ne doit pas être bien difficile, alors qu'en montagne, ça c'est un vrai effort !

Je finis la soirée en ayant trouvé une programmation précise pour mon triathlon. Je vais pouvoir attaquer dans deux jours, lundi. Il me restera 5 mois avant la compétition.

Je rentre de mon dernier entraînement de la semaine. Je trouve plus simple le fait d'avoir ses entraînements déjà prévus, de ne pas avoir à se demander ce que je vais faire dans la journée.

Au total, j'ai fait 8h d'activité physique cette semaine, je me sens très bien, en pleine forme.

Je pose mon vélo dans un coin du salon, sa nouvelle place depuis quelques jours. Comme Sophie n'a pas réagi la première fois, je continue à le mettre là. Je le place le long du mur, entre la télévision et la porte donnant dans notre chambre, ça ne gêne pas son ouverture, c'est parfait.

Après une douche bien chaude, j'ouvre le frigo et réchauffe un plat de pâtes qui est là depuis deux jours.

Sophie et les enfants sont chez sa mère comme tous les dimanches depuis un mois. J'allume la télévision et m'installe à table. Même si notre organisation n'est pas parfaitement harmonieuse, nous avons sans doute trouvé une sorte d'équilibre avec Sophie le temps que je parvienne à mon objectif. Nous ne nous fâchons plus. Évidemment, nous sommes moins ensemble. Elle rentre de plus en plus tard le soir, elle reste parfois même manger chez Claire… Si elle a trouvé un équilibre de cette manière, pourquoi pas.

Après mon repas, je m'allonge dans le canapé et m'endors, serein.

Je suis réveillé deux heures plus tard par le bruit de la porte d'entrée. C'est ma famille qui rentre. Je me lève et embrasse mes enfants et ma femme. Cette fois, je ne ressens plus une distance dans notre baiser comme c'était le cas depuis quelques semaines. Elle me rend ce baiser. Voilà, elle commence à revenir vers moi, j'ai eu raison de ne pas la bousculer. Les enfants partent dans leur chambre.

– Ça a été ton entraînement ? me demande–t–elle alors qu'elle pose son sac à main sur le canapé.

Je suis surpris par sa question, ça fait longtemps qu'elle ne s'intéresse plus à ce que je fais, mais je fais mine de rien pour ne pas la vexer et par peur de rentrer en conflit :

– Oui, très bien. Les températures remontent, c'est agréable.

– Le weekend prochain, tu as prévu de longues sorties vélo ?

– Il faudrait que je regarde mais il me semble que c'est comme ce weekend, peut être un peu plus long.

– Tu peux prévoir de gros entraînements si tu veux.

– Pourquoi ?

Je ne comprends pas où elle veut en venir.

– Claire m'a proposé d'aller au bord de la mer, on irait chez ses parents, en Vendée. Je déposerai les enfants chez ma mère pour les deux jours. Tu seras tranquille pour t'entraîner.

Je suis étonné de sa proposition. Depuis que nous sommes ensembles, aucun de nous deux n'est parti en weekend sans l'autre. Mais je trouve que c'est une bonne initiative, j'ai besoin de temps pour le triathlon et elle a envie de passer des moments agréables avec sa copine.

– C'est une bonne idée. Ça va te faire du bien un weekend entre copine.

– Oui, c'est évident.

Elle s'approche et m'embrasse.

Je suis heureux de cette situation où notre couple surmonte les tensions des dernières semaines. Il n'en sortira que plus fort.

13

Je me lève seul ce matin, Sophie est partie hier soir après avoir déposé les enfants chez sa mère. Ça fait du bien d'être tout seul pour une fois, ni femme, ni enfants... le bonheur !

Je me suis préparé un weekend chargé en entraînement et je suis tout excité à l'idée de commencer. Aujourd'hui, je fais 100km de vélo et demain enchaînement vélo et course à pied. A moins de cinq mois de ma course, je rentre de plain-pied dans un vrai entraînement d'Ironman !

Après mon petit déjeuner, je me lance sur mon vélo. Je ne ferai pas deux fois la même bêtise, j'ai prévu cinq barres de céréales, de quoi tenir toute la journée s'il le faut ! En cas de défaillance, je ne pourrai pas m'appuyer sur Sophie. En cas de crevaison, j'ai amené de quoi réparer, même si je n'ai encore jamais essayé de remplacer une chambre à air.

J'ai préparé mon trajet sur internet pour ensuite faire ma feuille de route sur un papier rangé dans ma poche. Le temps est agréable aujourd'hui, je me sens l'esprit léger, je me sens libre. Je n'ai pas la pression familiale ce weekend et j'en avais besoin. Je prends le temps de regarder le paysage, les champs autour de moi, de humer les bonnes odeurs du printemps. Même le vent n'est qu'une brise agréable sur mon visage. Les kilomètres s'enchaînent sans que je ne m'en aperçoive. Je pars dans mes pensées, j'imagine mes sensations à Embrun, les mêmes qu'aujourd'hui.

Ce sera une belle journée, peut–être la plus belle de ma vie quand je passerai la ligne d'arrivée. Bien sûr, il y a celles de la naissance de mes enfants, mais ce projet sportif est le mien, il m'est très personnel et quand je le réussirai, il n'y aura qu'une seule personne à féliciter, moi.

Je regarde mon compteur, j'ai parcouru cinquante kilomètres, déjà la moitié. J'aurais peut–être dû prévoir une sortie plus longue, je me sens vraiment bien aujourd'hui. Je ferai une sortie plus longue que prévue demain. Dans chaque cote, je m'imagine dans l'Izoard et j'appuie d'autant plus sur les pédales. Les montées sur mon parcours n'excèdent pas un kilomètre, mais il y en a bien six ou sept, de quoi se faire mal aux jambes et pouvoir simuler un col.

Sur cette dernière montée, je commence à sentir mes jambes lourdes, il me reste vingt kilomètres, je vais me calmer un peu et j'en profite pour manger ma deuxième barre de céréales. Ce n'est pas très pratique à ouvrir et la barre s'émiette entre mes doigts, il faudra que je trouve autre chose.

Les dix derniers kilomètres sont plus difficiles, sans doute parce que je sais que je suis bientôt arrivé. J'ai besoin de tourner plus les jambes et je suis obligé de mettre mon braquet le plus facile pour passer les bosses.

Je termine fatigué mais pas épuisé. Je suis fier de ma première sortie de plus de cent kilomètres. Je regarde mon compteur, cent deux kilomètres exactement à 24km/h de moyenne. Je rentre dans l'appartement, pose mon vélo et je m'installe sur mon canapé encore en tenue de vélo. Je suis satisfait de ma vitesse, surtout que je n'étais pas à fond. S'il l'avait fallu, j'aurais pu faire 80 kilomètres de plus pour faire la distance Ironman. Je prends mon portable dans ma poche et utilise la calculatrice pour estimer le temps que ça me ferait sur le parcours vélo d'Embrun à cette vitesse. 7h50. Je ne me rends pas compte de la performance.

Je me lève, je sens mes jambes lourdes, elles se sont déjà refroidies. Je me rassois devant mon ordinateur et télécharge les résultats de l'année dernière. Avec ce chrono, je ferai dans les 500 meilleurs temps sur 1300 participants. Je n'en reviens pas. D'autant plus qu'il me reste encore presque cinq mois pour progresser. Je continue de parcourir les résultats en remontant vers les premiers. Avec un bon entraînement, il me sera peut être possible de finir en 7h ! Je serais alors dans les 100 premiers. Il me suffit de gagner un peu plus de 2km/h sur mon parcours, ça doit être faisable. J'éteins mon écran, je me déshabille, laissant mes vêtements joncher le sol, il n'y a personne pour me le reprocher, et me glisse sous la douche encore rêveur... finir dans les 100 premiers.

Ce matin, j'ai fait une sortie d'1h30 de vélo enchaînée avec 30' à pied. J'avais prévu de faire plus long mais l'entraînement d'hier a laissé des traces. Dès le réveil, mes premiers pas ont été difficiles. Je suis déjà satisfait d'avoir pu faire du sport aujourd'hui.

Après manger, j'ai reçu un message de Sophie m'indiquant qu'elle rentrait pour dîner. Je viens donc d'en profiter pour faire une sieste. Je me réveille tranquillement, encore allongé dans le canapé à regarder la télévision.

Je regarde ma montre : il est déjà 18h. Il faut que je range l'appartement et que je prépare le repas pour montrer à ma famille, et surtout à Sophie, que je suis capable de me débrouiller tout seul.

Une fois mes affaires rangées, l'aspirateur passé, je rentre dans la cuisine pour m'atteler aux fourneaux. En ouvrant le frigo, je me rends compte qu'il est quasiment vide. C'est vrai qu'habituellement Sophie fait les courses les samedis matins. Il reste seulement quelques tranches de jambons et trois yaourts aux fruits. Je referme la porte du frigo et ouvre les placards alentours. Il me faut quelques tentatives infructueuses pour retrouver le bon emplacement des conserves. Je tombe sur une boîte de petits pois. Parfait, j'ai mon menu : jambon, petits pois... avec ça, je ne vais pas marquer beaucoup de points mais je n'ai pas d'autres choix.

Alors que je finis de faire chauffer les légumes, j'entends la porte claquer. Je sors de la cuisine pour leur souhaiter la bienvenue. Je me rends compte alors qu'ils m'ont manqué et que je suis heureux de les retrouver. J'embrasse Sophie.

– Comment s'est passé ton weekend ?

– Très bien, ça m'a fait du bien de sortir de la routine.

– Vous avez eu beau temps.

Elle marque un temps de réflexion.

– Ça va.

– Qu'est-ce que vous avez fait ?

– On a passé du temps avec les parents de Claire, on s'est baladé un peu.

– Vous avez pu sortir le soir ?

– Tu as fait à manger ? En se dirigeant vers la cuisine.

– Euh oui... j'ai fait avec ce que j'ai trouvé.

– C'est ça quand on n'a pas sa petite femme pour aller faire les courses.

Elle se retourne vers moi souriante en tendant ses bras pour m'enlacer.

Le reste de la soirée a été très agréable. J'ai l'impression d'avoir retrouvé la femme qui est partie avec moi à Rome.

Ce matin, Sophie est partie emmener les enfants à l'école. Après mon petit déjeuner, j'enlève mon tee-shirt et mon boxer que j'ai enfilé à mon réveil. Je me glisse sous la douche. En me mouillant les cheveux, je me rends compte que la bouteille de shampoing est vide. Je rouvre la cabine de douche et tend mon bras pour atteindre la trousse de toilettes que Sophie a emmenée lors de son weekend, posée sur le lavabo. J'essaie tant bien que mal de récupérer le shampoing lorsque la trousse glisse et tombe au sol. Tous ses produits se répandent par terre.

Je suis alors choqué par ce que je vois : quelques préservatifs se retrouvent à côté de son déodorant. Nous n'utilisons plus ce type de contraception depuis des années. Je reste immobile quelques secondes, mon regard figé sur ces bouts de latex. Soudain, tout devient clair : si elle rentre de plus en plus tard, ce n'est pas pour voir Claire ; et ce n'est pas avec sa copine qu'elle est partie en weekend.

Je suis révolté. Comment a–t–elle pu me faire ça ? Qu'est-ce qu'il l'a poussé à aller voir ailleurs ? J'ai toujours été à son écoute pour résoudre des problèmes ou des conflits !

La journée a été très longue. J'ai feint de travailler face à mes collègues. A la pause déjeuner, je ne peux m'empêcher d'envoyer un sms à Sophie : "ce soir, on doit se parler". En appuyant sur le bouton envoi, je regrette immédiatement mon geste. En lui envoyant un message, je lui laisse le temps de trouver un argumentaire. J'aurais dû la surprendre pour voir sa réaction.

Je suis rentré un peu plus tôt. Je suis passé chercher les enfants et les ai autorisés à regarder un dessin animé dans leur chambre avec la tablette. Il y en a au moins deux qui sont heureux.

Sophie arrive à 18h. J'attends qu'elle entre dans le salon et lui jette à ses pieds les préservatifs.

– Tu peux m'expliquer ça ?

– Oui.

Elle prend quelques secondes.

– Je vois quelqu'un.

– "Je vois quelqu'un". C'est quoi cette formule. Dis-moi que tu me trompes, ce sera plus clair !

– Depuis quelques mois, tu es là physiquement, mais tu n'es plus vraiment avec nous, en se retournant vers la chambre des enfants.

– Et donc au lieu de m'en parler, tu te jettes sur le premier venu !

– Mais arrête, je t'en ai parlé. Je t'ai dit que ton triathlon prenait trop de place, que tu ne pensais qu'à ça, que tu ne prenais plus de temps pour nous, que tu reportais notre projet de maison pour ton sport, que tu dépensais ton argent pour du matériel. Alors, oui, au bout d'un moment, je n'avais plus de solution et j'avais besoin de parler à quelqu'un, j'avais besoin de tendresse.

– Tu pouvais aller voir Claire, comme tu me l'as fait croire !

– J'avais besoin d'une tendresse masculine.

– Arrête, tu me dégoutes !

– Mais il ne représente rien pour moi. Je voulais juste qu'un homme me prenne dans ses bras. Tu crois vraiment que si j'avais voulu te cacher ma relation, j'aurais laissé des capotes en vue dans mon sac ?

– Quoi ? Quel intérêt pour toi que je sache ?

– Pour te faire réagir, pour que tu te rendes comptes que tu es en train de me perdre !

– Tu comptes le revoir ?

– Non...

Je ressens alors un peu de soulagement.

– Mais ça ne résout pas notre problème. J'ai bien réfléchi. Je vais partir chez maman, avec les enfants. Le temps de faire le point. On doit se remettre en question.

Elle note un temps d'arrêt.

– Tu dois te remettre en question. Te demander si tu préfères passer ton temps avec ton nouveau vélo, ton nouveau home traîner ou je ne sais quoi, ou si tu préfères passer du temps avec ta famille et ta femme.

Elle reprend son sac à main.

– On part tout de suite, je ne vais pas supporter ce malaise même le temps d'une soirée. Je repasserai chercher mes affaires.

Elle ouvre la porte de la chambre des enfants, prend rapidement quelques affaires et les emmène.

– Je peux prendre l'IPad, maman ?

– Oui, mon chéri.

– Tu viens avec nous papa ? On va chez mamie.

Je lui fais non de la tête en prenant mes enfants dans mes bras.

La porte se referme.

Il ne lui pas fallu plus de cinq minutes pour fermer la porte à dix ans de vie commune.

Je n'ai pas bougé, je suis resté sur sa phrase m'annonçant qu'elle va partir. Elle résonne encore dans ma tête. Je suis planté là, derrière la porte, à ne pas comprendre ce qu'il vient de se passer.

14

Cela fait maintenant trois semaines que Sophie est partie avec les enfants. J'ai essayé de la contacter plusieurs fois mais elle m'a bien fait comprendre que tant que je ne me remettais pas en question, tant que je ne changeais pas mon centre d'intérêt, ça ne servait à rien de la supplier de revenir.

A force de me torturer l'esprit, j'ai pris une décision.

Je suis devant mon ordinateur et je clique sur ma souris pour valider mon annonce sur un site de vente de vélo d'occasion. Je choisis ma famille même si cela passe par la vente de mon matériel qui est un des éléments conflictuels avec ma femme. J'ai de la peine. J'ai l'impression qu'une partie de moi, même si elle était encore nouvelle dans mon esprit, part dans cette annonce. Je vais redevenir l'homme que j'étais auparavant. Je me recule sur ma chaise. Je pourrai peut–être trouver une nouvelle occupation qui prendra moins de place dans ma vie de famille. Peut–être une nouvelle passion, même si à l'heure qu'il est, je n'y crois pas vraiment.

Maintenant, je vais attendre qu'une personne soit intéressée par mon vélo pour rappeler Sophie et qu'elle revienne pour qu'on oublie tout.

L'attente ne fut pas longue. Ce matin, au réveil, j'ai trois messages de « potentiels » acheteurs « intéressés » par mon vélo. Ils me demandent des détails sur la taille, les plateaux et veulent d'autres photos pour vérifier l'état du cadre. Je leur envoie tout ce qu'ils demandent dans la journée. L'un d'eux doit passer demain après le travail.

Je rentre chez moi. Mon vélo m'attend dans le salon comme depuis trois semaines. Mais c'était sa dernière journée chez moi. J'ai l'impression de perdre un ami.

La sonnette de la porte se fait entendre. Derrière un homme d'une trentaine d'années se présente. Il entre et inspecte sa nouvelle monture. Il voit le home traîner à côté et me demande s'il est aussi en vente. Je n'y avais pas réfléchi mais je lui fais machinalement oui de la tête. Au bout de quelques minutes et d'un essai dans la rue, il repart avec le vélo et le home traîner dans son coffre me laissant sur le trottoir avec un chèque à la main. Je devrais être heureux car cette vente est synonyme d'un retour de ma femme et de mes enfants mais j'ai un pincement au cœur de devoir arrêter ce qui m'a construit depuis plusieurs mois.

Je remonte à l'appartement et décroche mon téléphone.

– Sophie ? C'est moi. Tu avais raison, je vous ai trop délaissés pour le triathlon. Je viens de revendre mon vélo. J'arrête tout.

Je n'entends rien de l'autre côté du téléphone pendant quelques secondes.

– C'est vrai ? Elle semble émue. Ça me fait plaisir que tu aies compris mes attentes.

– Est-ce que veux bien qu'on réessaie tous les deux... Comme avant ?

– Oui, je pense. On va essayer de tout oublier et on recommence. Je fais les sacs et on rentrera en début de semaine prochaine.

– Tu ne peux pas rentrer ce soir ou demain ?

– Il va me falloir quelques jours pour tout digérer et pouvoir rebondir.

–Ok, je comprends, j'ai hâte. Gros bisous ma chérie.

Je raccroche et m'assois dans le canapé. Tout ça pour rien. Tout ce projet mis en tête, les entraînements, le matériel, l'inscription. Il faudra faire comme si ça n'avait jamais existé et repartir dans ma vie « pépère ».

Ce soir, j'ai tout préparé. L'appartement est parfaitement rangé. J'ai mis des bougies dans tout le salon et préparé un bon dîner... enfin, un traiteur a préparé un bon dîner. Sophie doit arriver dans quelques minutes seule. Les enfants nous rejoindront demain, ils sont restés chez leur grand-mère pour qu'on ait notre soirée pour nous deux.

J'entends la clé dans la serrure. Sophie entre, resplendissante. Soudain, elle me fait oublier tous les sacrifices que j'ai faits pour l'entraînement et je comprends que j'ai failli la perdre.

La soirée a été agréable et tendre. Nous n'avons pas parlé de ce qui nous a séparé mais de nos projets, en particulier de notre future maison.

Nous nous sommes endormis dans les bras l'un de l'autre, sereins et amoureux.

Les enfants sont rentrés le lendemain. La famille est de nouveau au complet. Je suis heureux de les retrouver, de reprendre notre petite vie tranquille ensemble.

Pendant les premiers jours de leur retour, j'ai complètement oublié mon ancienne nouvelle passion. Consacrant mes soirées et mes weekends à ma petite famille, aux repas avec la belle-mère, le bonheur quoi...

Mais le triathlon est progressivement revenu, d'abord dans mes rêves où je me voyais parfois nager, d’autres fois rouler ou courir. La journée je commençais à tourner en rond. J'avais envie de me dépenser, j'en avais besoin.

J'ai d'abord recommencé à courir sur ma pause du déjeuner. Ensuite, je laissais ma voiture pour prendre mon vieux vélo pour aller travailler. Sophie savait pour la voiture mais pas pour les entraînements à pied. Ça ne la gênait pas que je prenne le vélo pour aller au travail, je ne parlais plus de triathlon, c'était l'essentiel pour elle.

Puis j'ai commencé à lui mentir. Je lui disais que je finissais plus tard au travail pour aller nager à la piscine.

Cette semaine, j'ai même posé une journée de RTT sans que Sophie le sache pour faire une sortie longue en vélo avec un enchaînement à pied. Je n'ai pas les mêmes sensations avec mon vieux vélo, il est plus lourd et moins réactif à mes coups de pédales, mais je m'en satisfais pour le moment.

A deux mois et demi du triathlon d'Embrun, je me rends compte que mon projet n'est pas encore enterré. Il est encore vivant au fond de moi, cherchant à ressurgir malgré les barrières qui nous séparent. Je ne sais pas encore comment je vais faire pour cacher mes entraînements jusqu'au 15 août prochain mais j'espère qu'à quelques jours de l'événement, elle ne pourra pas me refuser d'y participer. Tant que je passe du temps avec ma famille, j'imagine que c'est l'essentiel pour elle. Mais il va falloir que j'intensifie mes entraînements...

Je sors de la piscine. Je suis satisfait de ma séance, j'ai parcouru 3000m en alternant des longueurs techniques et des longueurs de crawl. Je passe sous la douche et jette un coup d'œil à ma montre. Je dois être rentré dans 30 minutes. Ça me laisse du temps, je m'applique donc à bien me frotter avec mon gel douche pour enlever l'odeur du chlore sur ma peau.

Après m'être changé, je monte dans ma voiture et rentre à l'appartement.

C'est au moment où j'ai poussé la porte que j'ai compris que la disparition de l'odeur du chlore ne suffirait pas à cacher mon mensonge. Sophie m'attendait, assise sur le canapé, sa main crispée autour de sa tasse de thé.

– Tu étais où ?

– Au travail, comme d'habitude, tentant un mensonge mal camouflé.

– Je voulais te faire la surprise de venir te chercher au bureau pour qu'on se fasse un ciné avec les enfants, mais tu n'y étais pas. Alors je te repose la question : où étais–tu ?

Je cherche dans mon esprit, à quel endroit je pouvais être ? Cette réflexion me paraît longue, trop longue pour que ça ne paraisse pas louche. Pris au dépourvu et voulant répondre rapidement, je finis par dire :

– J'étais parti te chercher un cadeau. Je ne voulais pas te le dire, mais voilà, tu as gâché la surprise.

– Ah bon ? Tu l'as là ?

Je sens qu'elle doute encore.

– Oui, mais je te l'offrirai une prochaine fois, quand j'en aurai envie, en lui faisant un clin d'œil.

Je rentre dans la chambre pour poser mon sac. Maintenant, il va falloir que je lui trouve un cadeau. J'irai demain dans une bijouterie, ça devrait suffire.

Je reviens dans le salon et propose de préparer le dîner. Je dois essayer d'étouffer cette complication le plus rapidement possible.

Je m'attelle donc à la cuisine, ce soir ce sera pâtes et steak haché. Alors que la viande cuit sur la poêle, Sophie entre en trombe dans la pièce.

– Tu te fous de moi ? C'est quoi ça ?

Elle a mon sac dans les mains, elle en ressort mon maillot de bain et ma serviette.

Il faut vite que je trouve une raison :

– Après avoir acheté ton cadeau, la piscine n'était pas loin alors j'en ai profité.

– Et comme par hasard, tu avais ton maillot avec toi !

Ah mince, je n'avais pas pensé à ça. Je reste silencieux, dépourvu de toute répartie.

– Alors, j'attends ! Je veux des explications !

– C'était juste une fois, j'avais envie d'aller nager, c'est pas un crime !

– Non, mais alors pourquoi me mentir si ça n'a pas d'importance pour toi ? En quelques semaines, tu as repris le vélo pour aller au boulot, tu travailles de plus en plus tard et maintenant je découvre que tu vas à la piscine. J'imagine que tu trouves aussi du temps pour aller courir.

Je ne réponds rien.

– Ok, j'ai compris. Je vais te poser une seule question : est-ce que tu comptes toujours faire Embrun ?

– Mais tu n'as pas remarqué mes entraînements ces dernières semaines, ça n'a pas gêné notre rythme familial. Je suis présent pour vous.

– Sauf que tu rentres plus tard du travail, tu appelles ça comment ?

– Mais c'est pas grand-chose...

– Et c'est pas grand-chose de me mentir pendant plusieurs semaines ?! Comment je peux te faire confiance maintenant ?

– Et tu t'es mis à ma place un p'tit peu ? Tu crois que c'est facile de tirer un trait sur sa passion pour sa famille ? C'est une partie de moi que tu rejettes !

– Mais arrête ! C'est une passion que tu as depuis 6 mois, tu parles ! Ta lubie va s'envoler aussi vite qu'elle est arrivée, c'est juste un caprice d'enfant gâté.

– Pfff, on n'se comprend vraiment plus !

– Je ne te reconnais plus ! Je n'aurais pas dû revenir, j'étais mieux chez ma mère !

– Eh bien, tu n'as qu'à y retourner, je pourrai assouvir mon caprice comme ça !

– Pour une fois, on est d'accord !

Elle quitte la cuisine, furieuse, et rejoint la chambre pour préparer ses affaires.

Au repas, nous faisons manger les enfants seuls à table. Sophie essaie de leur expliquer qu'ils vont retourner chez leur grand-mère car leur papa et leur maman sont fatigués et qu'ils doivent se reposer. Les enfants ne comprennent pas trop mais acceptent cette décision.

Une fois couchés, je les prends dans mes bras et les embrasse.

– Vous allez me manquer, en réfrénant mes larmes.

– Mais on viendra te voir, me dit Mathieu en me serrant plus fort dans ses bras.

Dans la soirée, nous dînons séparément avec Sophie. Au moment du coucher, elle me lance mon oreiller de la chambre. Je vais donc me contenter du canapé.

Pourquoi ce sont toujours les hommes qui doivent dormir dans le salon lors d'une dispute ?

Une main sur mon épaule me fait sortir de mon sommeil. C'est Sophie qui me demande d'aller me coucher dans notre lit pour ne pas que les enfants me voient dormir dans le canapé. Je m'exécute les yeux encore à demi clos. Je ne réalise pas qu'il s'agit de ma dernière matinée avec ma femme et mes enfants avant longtemps, peut-être la toute dernière...

A mon deuxième réveil, ils ne sont plus là, les armoires sont vides ou presque. Il reste les vêtements d'hiver. Ça me laisse un espoir de les voir revenir. Mais cet espoir est faible dans mon esprit. Je me sens embué, comme après une grosse soirée, je me serais réveillé avec une grosse gueule de bois, regrettant mes actions de la veille. Pourquoi ne l'ai-je pas retenue ? Avec du recul, j'ai même le sentiment de l'avoir aidée à partir.

Je vais laisser passer quelques jours avant de l'appeler. Il doit bien y avoir un moyen de résoudre ce problème.

15

J'ai laissé passer une semaine. Sept jours sans nouvelle ni de Sophie, ni de mes enfants.

Côté triathlon, je n'ai pas baissé les bras, j'ai quasiment doublé mes entraînements, utilisant le sport comme un antidouleur pour mes maux de cœur.

Assis sur mon lit, je me saisis de mon téléphone et appuie sur le numéro de Sophie. Au bout de quelques sonneries, elle décroche.

– Coucou, d'un ton hésitant, c'est moi.

– Oui ?

– Tu vas bien ?

– Oui.

– Les enfants, ça va ?

– Ils vont bien.

De toute évidence, elle n'est pas bavarde.

– Vous me manquez beaucoup.

– Tu manques aux enfants aussi.

– Quand est ce que je peux passer les voir ?

– Tu n'as qu'à les prendre un weekend sur deux.

– Tu ne trouves pas ça dommage ? Si on oubliait tout et que vous reveniez ?

– C'est toujours la même question, toujours le même problème. Je suis prête à revenir si tu acceptes de donner de ton temps pour nous...

– Mais oui ! en la coupant. J'ai envie de passer du temps avec vous, comme je l'ai fait les dernières semaines !

–... Et que tu te décides enfin à arrêter ton stupide défi égocentrique.

Je ne sais pas quoi répondre. D'un côté, j'ai envie qu'ils reviennent, d'un autre, j'ai envie d'aller au bout de mon projet personnel.

Le temps d'attente doit paraître trop long pour Sophie.

– C'est bien ce que je pensais. Tant que tu n'auras pas fait un choix, ça ne sert à rien de vouloir que je revienne. Tu me fais croire que j'ai une place importante dans ta vie alors que tu veux passer le plus clair de temps à tes entraînements… Passe chercher les enfants vendredi soir.

La ligne se coupe. Je reste assis sur le lit, les bras ballants. Elle ne me comprend décidément plus. Je suis à moins de deux mois du triathlon, ce serait du gâchis de tout arrêter maintenant. Je lui en voudrais… Ce ne serait pas bon du tout pour mon couple.

Je prends le temps de la réflexion et regonflé par la date du 15 août qui se rapproche, je me connecte à internet pour trouver une location en montagne pour m'entraîner. En cliquant sur le bouton de réservation, je n'ai pas encore pris conscience que finalement j'ai déjà fait mon choix.

Dans la foulée, je vais sur le site d'occasion de vélos, bien décidé à retrouver une monture digne de mon objectif. Je ne veux pas prendre de risque, je décide donc de trouver la même marque de vélo que j'avais pour trouver la bonne taille de cadre. Au bout d'une heure, j'ai fait une sélection de trois vélos qui correspondent à mes critères et j'en retiens un dont le vendeur est dans ma région. Je le contacte et rapidement nous nous mettons d'accord pour nous rencontrer le lendemain.

En repartant de chez mon vendeur, je suis maintenant le nouveau propriétaire d'un vélo à ma taille qui va me permettre de mieux progresser encore pour les dernières semaines d'entraînement. J'ai l'impression d'avoir perdu mon temps à vendre mon ancien nouveau vélo pour finalement racheter quasiment le même.

Les aléas de la vie diront certains.

Je me gare devant chez la mère de Sophie. Je klaxonne car elle m'a interdit de rentrer dans la maison. La porte d'entrée s'ouvre, je vois mes enfants sur le pas de la porte embrassant leur mère. Ils se retournent vers la rue, voient ma voiture et courent pour me rejoindre.

Je suis heureux de les retrouver mais ce weekend familial n'est pas compatible avec un entraînement Ironman. J'ai anticipé en allant m'entraîner matin et soir pendant cette semaine mais je sais que je ne vais pas pouvoir faire une sortie longue en vélo et ça me tracasse.

Au programme ce weekend : sortie au parc, cinéma, Mc do. Tout ce qu'il faut pour passer pour le papa idéal aux yeux de ses enfants.

Alors que nous dévorons notre hamburger, Mathieu lâche :

– Pourquoi vous vivez plus ensemble avec maman ?

– C'est juste pour quelques temps, elle va revenir à la maison, mais elle a besoin de se reposer.

– Et toi, tu n'as plus le temps pour nous parce que tu dois courir ? C'est maman qui me l'a dit.

– J'aurais toujours du temps pour vous... Tu n'as pas envie d'avoir un papa Ironman ?

Son sourire me fait chaud au cœur.

– Si ! On pourra venir te voir ?

– Moi aussi je veux venir te voir, papa, renchérit Cléa.

Je les embrasse tous les deux sur le front.

– J'aimerais beaucoup. Il faudra demander à maman. Si vous lui demandez gentiment, elle ne pourra pas refuser…

Nos sourires complices me réchauffent le cœur. Avec mes enfants derrière moi, je ne peux pas échouer, je leur dois d'aller au bout.

Ces deux jours sont vite passés. Je les dépose chez leur grand-mère en milieu d'après-midi en leur promettant qu'on fera la même chose la prochaine fois.

De retour à l'appartement, je me change et pars sur mon vélo, profitant des dernières heures du jour pour m'entraîner.

16

A un mois de mon objectif, je monte dans la voiture. Il est 5h du matin, dans 7h je suis dans les Alpes et dans 7h30 je suis sur mon vélo. J'ai choisi l'Alpe d'Huez comme lieu d'entraînement. Après finalement 8h de route, j'arrive au pied des 21 virages. Rien que la montée en voiture me paraît indigeste.

Je gare la voiture et entre dans mon appartement de location. Je ne suis pas aussi confiant et serein que ce matin à mon départ. Je ne suis plus sûr d'être capable de rouler en montagne. Et si j'avais été trop présomptueux ? Si tous ces sacrifices n'avaient servi à rien ? Si ma séparation d'avec Sophie n'avait aucun sens au vu de mon incompétence à monter des cols ?

Je pose ma valise et me dis qu'il n'y a qu'une seule façon de voir où j'en suis. J'enfile ma tenue de vélo, remplis mon bidon et pars directement dans le but de descendre puis de remonter ces fameux virages.

Arrivé en bas après une descente crispée, les mains sur les freins, je fais demi-tour pour attaquer la montée. Au virage à gauche, je suis devant un mur. Ça me paraît encore plus impressionnant qu'en voiture. Je change de braquet en gardant un pignon plus facile au cas où (c'est ce que j'ai lu ici et là sur internet) et commence modestement à monter. La première rampe est réellement compliquée pour moi. J'ai l'impression de mettre toutes mes forces dans chaque coup de pédale. J'agonise lentement jusqu'à arriver au village de La Garde où je pose le vélo pour m'assoir sur le bord de la route.

Alors que je suis prostré depuis quelques minutes, un autre cycliste vient à côté de moi et voyant mon désarroi essaie de me rassurer en me disant que j'ai fait le plus dur. D'abord je ne le crois pas, mais il insiste puis repart en me laissant une barre énergétique pour me redonner le moral. Pendant que je mâche, je sens mes forces revenir et ma motivation remonter. Il est temps de reprendre mon vélo et de repartir.

Effectivement, les virages suivants sont plus doux, j'arrive à ne pas me mettre complètement dans le rouge utilisant le replat des virages pour récupérer un maximum.

Mais la fatigue réapparaît progressivement. Je commence alors à m'enfoncer mentalement, ignorant les paysages qui m'entourent. Je pense au triathlon, à ce sport chronophage quand on pratique les longues distances.

Je trouve que ce sport nous rend plus solitaire. Mes entraînements se sont déroulés dans un face à face avec moi-même. Des heures de vélo à me retrouver en discussion avec moi pendant lesquelles je me suis enfoncé de plus en plus à l'intérieur de mon esprit. Je me suis découvert de nouvelles ressources. Il s'est créé un réel lien entre mon corps et mon esprit, comme s'il s'agissait de deux entités bien différentes. Je me surprends à me tutoyer comme si je discutais avec un ami ou pour m'encourager : « allez, vas–y » ou encore « tu peux faire encore un effort ».

L'effort consenti ne dépend plus seulement de mon corps mais de la volonté de mon cerveau à vouloir continuer. Il prend alors une autre dimension, un autre visage, il devient une personne en tant que telle, qui peut dire stop alors que je semble vouloir continuer.

Par ces sentiments uniques qui forgent ma personnalité, mes réactions face à la fatigue d'un entraînement ou d'une compétition, je me complais dans cette situation. J'ai trouvé un camarade d'entraînement : moi–même.

Bien sûr, j'aurais été heureux de partager certaines sorties avec d'autres personnes, de pouvoir discuter de ma passion, de pouvoir me confronter aux autres, mais au final je serai revenu vers moi pour faire le point : « c'est bien, tu as bien bossé, tu vas plus vite qu'eux » ou au contraire : « il faut encore que tu travailles ».

Car la seule personne qui est présente lors de mes grosses fatigues, dans mes moments où je suis proche de l'abandon, c'est moi–même. C'est alors que ce moi intérieur doit lui aussi avoir été entrainé et sollicité pour réagir dans une situation critique et dire : « non, nous ne lâcherons rien ! Non, nous n'abandonnerons pas ».

A l'intérieur de ce cercle vicieux (ou vertueux, tout dépend du point de vue), je vis en autarcie. J'ai de moins en moins besoin du contact social. De toute façon, les autres ne comprendraient pas. J'ai déjà essayé de leur expliquer ce que je ressentais, mais j'ai bien vu dans leurs yeux que c'était peine perdue. Moi, je me comprends, je sais par quoi je suis passé et je sais ce dont je suis capable. Je sais que je suis capable d'encore plus.

Le weekend, je vois de moins en moins ma famille. Trop fatigué par ma semaine de travail, rajouté à cela les plus gros entraînements réalisés pendant ces deux jours. Il faut se lever tôt même le dimanche, donc impossible pour moi de conjuguer les sorties sociales et l'entraînement dominicale. Le choix se fait progressivement même si je pourrais m'accorder sporadiquement un verre dans un bar un samedi soir.

Au détriment de ma famille, j'ai fait le choix du triathlon.

Je repousse ce sentiment de tristesse et me focalise sur mon effort. Je ne pense plus qu'à terminer. Je compte les virages restants tel un insomniaque qui compterait les moutons. Je m'arrête de nouveau au virage 5 regardant passer devant moi une dizaine de cyclistes beaucoup plus à l'aise que moi dans ces pourcentages. Au bout de 15 minutes, je repars, je n'ai pas le choix.

Les derniers virages me paraissent durer une éternité. Chaque coup de pédale me semble être le dernier. J'arrive finalement dans la dernière rampe, elle est interminable avec des pourcentages encore plus élevés. Je finis épuisé quand j'arrive dans le vieil Alpe. Je pose mes pieds au sol et m'allonge sur mon guidon. Cet effort est inhumain ! J'ai le moral plus bas que terre. Comment je vais faire pour terminer Embrun ?

Le soir, optimiste, je me couche tôt en espérant que le lendemain sera meilleur.

A mon réveil, à mon grand étonnement, je n'ai pas de courbature, juste les jambes un peu lourdes. Je ne suis pas si mal entraîné que ça alors !

Je décide de ne pas faire de vélo aujourd'hui, seulement un petit footing pour récupérer.

Ce matin, je compte refaire la montée, mais cette fois en utilisant du début à la fin mon plus petit braquet et en emmenant des gels énergétiques.

2h15 plus tard, je suis de retour à mon studio, le sourire aux lèvres. Même si ça n'a pas été une promenade de santé, je me suis senti beaucoup mieux, j'étais moins en force et je ne me suis pas arrêté dans la montée. Je peux de nouveau me projeter sur le 15 août sans avoir la boule au ventre.

Ma semaine d'entraînement s'est poursuivie comme elle avait commencé, beaucoup de souffrance et de fatigue mais aussi des entraînements de plus en plus longs. J'ajoutais parfois de la natation et souvent de la course à pied. A la fin de ma semaine, je compte 25h d'entraînement avec des sorties vélo allant jusqu'à 150km.

Aujourd'hui, vendredi, je viens de terminer mon entraînement. Après avoir rangé mes affaires et nettoyé le studio, je remonte dans ma voiture pour rentrer chez moi. Il est 20h. Je ne peux pas rester jusqu'à demain car je dois passer le weekend avec les enfants. J'ai prévenu Sophie que je ne pourrai venir les chercher que samedi matin sans lui expliquer pourquoi. Il ne vaut mieux pas qu'elle sache que je suis parti une semaine en vacances pour m'entraîner.

Dès la première heure de route, je sens que le retour va être long. La fatigue de la semaine se fait sentir. Je m'arrête après seulement une heure de conduite pour prendre un café.

Au bout de 4h de route, la fatigue a fait place à l'épuisement. Je suis conscient que ma vigilance n'est pas à son maximum. J'ai du mal à garder mes yeux ouverts. Les baffes que je me fais subir et la musique à fond dans ma voiture ne suffisent plus à me garder éveillé.

Soudain, le klaxon du camion derrière moi me fait prendre conscience que je me suis assoupi une seconde. En ouvrant les yeux, je vois que je ne suis plus sur la route mais sur la voie d'arrêt d'urgence avec une roue sur l'herbe. Une seconde de plus et j'étais dans le fossé. La montée d'adrénaline me réveille brutalement. Mes mains sont serrées sur le volant. Je m'arrête sur le bas-côté, prenant quelques secondes pour respirer, remettre mes idées en place. Je pense d'abord à ce qu'il me serait arrivé si le camion ne m'avait pas réveillé. Ma première pensée est pour mon triathlon. Si j'avais été blessé je n'aurais sans doute pas pu faire Embrun. Une fois mes idées redevenues un peu plus claires, je redémarre pour m'arrêter de nouveau sur une aire de repos. J'allonge mon siège et m'endors lourdement.

Je suis réveillé par la sonnerie de mon téléphone. Je pense n'avoir eu le temps de ne dormir que quelques minutes quand je vois que le jour est levé. Je regarde ma montre, il est 7h. Je décroche :

– Oui ?

– Salut, à quelle heure tu viens chercher les enfants ?

J'essaie de m'éclaircir les idées, de me rappeler où je suis, combien de kilomètres il me reste. Je regarde de nouveau ma montre.

– Allo ? Tu es là ? Tu n'as pas oublié que tu avais les enfants ce weekend ? insiste Sophie.

– Non, non, pas du tout. J'ai pas oublié. J'ai deux, trois trucs à faire ce matin. Je serai là vers 11h.

– Ok.

Je sors de ma voiture et prend rapidement un café avant de repartir. Je dépasse allègrement les limitations de vitesse sur le trajet qu'il me reste à faire.

J'arrive chez la grand-mère à 10h55, parfait ! Je klaxonne et les enfants sortent.

– Tu es allé faire du vélo papa ? me demande Mathieu

Je me retourne comme pour vérifier. Effectivement, j'ai oublié de passer à l'appartement pour déposer mes affaires de ma semaine d'entraînement.

– Euh, oui, j'ai fait une balade avant de venir.

– Mais pourquoi tu l'as mis dans ta voiture ?

–Pour que vous le voyez ! Il est beau non ?

– Il est trop beau papa, me dit Cléa.

J'ai réussi à trouver une échappatoire à ce questionnement délicat même si ce n'est pas difficile avec les enfants.

Ce weekend a été plus calme que le dernier. Il a été ponctué de siestes, peut-être un peu trop aux yeux des enfants qui voulaient profiter plus du soleil. Mais les jeux vidéo m'ont sauvé la mise. Dimanche en les raccompagnant, je leur fais promettre de ne pas dire à leur maman qu'ils ont passé le weekend des manettes de jeux à la main.

– Ce sera notre secret, me murmure Mathieu plein de malice.

Il a tout compris ce petit gars, tout n'est pas bon à dire.

17

Il ne me reste plus que trois semaines avant LA course.

Je fais la liste de tout ce que je vais avoir besoin pour passer la ligne. Le matériel vélo, course à pied, les produits énergétiques, tout est noté. Je bloque lorsque je commence à réfléchir à la natation. Je n'ai pas de combinaison. Comment n'ai-je pas pu y penser avant ? Je vais devoir encore investir. En faisant les recherches, je découvre qu'il est possible de louer des combinaisons de natation sur place. C'est parfait ! Cela me permettra d'économiser l'achat d'une combi que je n'aurais mis qu'une fois dans ma vie. Je réfléchis aussi à acheter une trifonction mais d'après les prix, je me dis que je prendrais le temps de me changer après la natation puis après le vélo. Je ne suis pas à quelques minutes près et ça sera plus confortable.

Ma liste est terminée. J'ai hâte d'être enfin sur place, mais j'ai un pincement au cœur. Il y a des chances pour que j'y sois seul… Personne pour me soutenir, pour m'encourager ni pour m'admirer lorsque je passerai la ligne d'arrivée. Soudain, les larmes me montent aux yeux. Cette solitude me pèse brutalement. Ma femme me manque, je n'avais pas réalisé à quel point. J'ai l'impression que je ne pourrai pas y arriver sans elle, sans mes enfants.

Je décide de l'appeler. Elle décroche et entend rapidement que je suis ému. Notre conversation est agréable, douce, sa voix se veut apaisante. J'ai le sentiment que je lui manque. Je ne lui parle pas de triathlon, juste de choses de la vie, sans conséquence, comme un jeune couple le ferait. Je plaisante, elle rit. On parle des enfants, un peu de nous. Comme si tout allait s'arranger. Je finis par dire calmement :

– Tu pourrais revenir.

– Oui, j'y pense de plus en plus.

– Avec les enfants, tu pourrais venir me voir à Embrun.

Elle ne répond pas tout de suite.

– J'ai été rêveuse. Je pensais que tu avais finalement choisis ta famille.

– Dans trois semaines, c'est terminé. Il ne restera plus que vous. Mais j'ai besoin de toi et des enfants pour aller jusqu'au bout.

Elle ne dit rien.

J'insiste.

– Les enfants aimeraient beaucoup venir me voir.

– Je sais. Ils me l'ont dit... je dois te laisser, je vais faire à manger.

– S'il te plait, réfléchis.

Elle raccroche.

Cette conversation m'a fait du bien. Je sens que ça s'arrange, notre couple est plus fort que tout ça. On surmontera cette dispute.

Je m'endors plein d'espoir. L'espoir de voir ma famille quand je franchirai la ligne d'arrivée.

18

Il ne reste plus que deux semaines.

J'applique ce que j'ai pu lire : je diminue mes entraînements pour me reposer. Mais depuis quelques jours, je me sens fatigué. En effet, je ressens le besoin de faire des siestes comme je dors mal la nuit. Je me réveille plusieurs fois, j'ai l'impression que mon sommeil n'est pas réparateur. De petites douleurs sont apparues ici et là puis disparaissent le lendemain. Chaque jour, je me pose de plus en plus de question. Le stress et les doutes augmentent.

Est-ce que je suis prêt ? Est-ce que je me suis assez entraîné ? Est-ce que je n'aurais pas dû faire un triathlon d'entraînement avant pour voir ce que ça donne ? Est-ce que je ne devrais pas continuer à m'entraîner normalement ?

J'ai un sentiment de culpabilité de ne plus rouler autant que les dernières semaines. Et surtout LA question ! Celle qui revient le plus souvent à mon esprit : ai-je fait le bon choix ? Me lancer dans cette aventure pour finalement avoir fait fuir ma famille ? Et si je ne terminais pas ? Et si j'étais hors délai en vélo et que je ne pouvais pas franchir la ligne ? Tout ça n'aurait eu aucun sens, ni pour moi ni pour Sophie.

Je ressors pour la énième fois le temps des barrières horaires pour être sûr de les connaître. Je recalcule les moyennes qu'il faudra que je maintienne en vélo. J'estime mon temps natation, mes transitions. Durant ces derniers jours avant la course, toute mon énergie passe dans ces calculs. Plus j'imagine ma course, moins je suis confiant.

Et si je n'y allais pas ? Si je m'étais blessé et ne pouvais pas y participer ? Je n'aurais pas à subir l'échec. Aussitôt, je repousse cette pensée négative. Il faut que je me change les idées, j'allume la télévision et me laisse absorber par une série américaine.

Demain, je pars pour Embrun. J'arriverai la veille de la course. Je termine de préparer mes affaires en me réfèrant à ma liste pour être sûr de ne rien oublier.

La route s'est bien passée. J'arrive sur place en début d'après-midi. Il fait beau. Je me gare près du parc à vélo alors que des enfants se confrontent dans un triathlon avenir. L'ambiance est déjà bien présente. Je me rends au stand des combinaisons pour en emprunter une. Je l'essaie, j'ai du mal à l'enfiler, je me fais aider par le vendeur. Une fois installé à l'intérieur, je me sens serré, mais apparemment c'est normal. Je fais des mouvements de bras, ça a l'air d'aller. Le vendeur me propose de l'essayer dans le lac mais je décline, car il est hors de question de me blesser la veille de la course. C'est un tel enjeu !

Une fois la combinaison étalée dans ma voiture, je monte jusqu'au centre-ville pour récupérer mon dossard. Je sens que les choses sérieuses commencent et que je ne peux plus faire marche arrière. Je retourne au parc à vélo pour y déposer ma monture. Les arbitres le vérifient à l'entrée et me demandent d'y coller mon numéro de dossard dessus. Je cherche dans mon sac de dossard pour y trouver l'autocollant en question. Je me dis que finalement j'aurais dû faire un triathlon test pour connaître toutes ces démarches. Je rentre dans le parc à vélo et mets quelques minutes avant de trouver mon emplacement. Je ressors avec une caisse pour y placer mes affaires de course.

J'ai hâte d'être au lendemain, de prendre enfin le départ. J'ai pris une chambre dans un hôtel à quelques kilomètres du départ. Après m'être installé dans ma chambre et préparé mes affaires pour ce défi, je descends au restaurant de l'hôtel. Un menu spécial triathlon y est proposé, c'est parfait ! Dans les assiettes, ce sont des pâtes, des pâtes et encore des pâtes.

Après le repas, je retourne dans la chambre pour appeler Sophie une dernière fois avant la course.

Une fois les premières phrases de politesse passées, je me lance à l'eau :

– Je suis arrivé à Embrun, vous allez venir ?

– Je ne sais pas, je ne suis pas sûre…

– Quand tu me verras passer la ligne, tu sauras que notre relation redeviendra comme avant. Et qui sait ? Peut-être seras-tu fière de moi ? Qu'en pensent les enfants ? Eux seraient heureux de me voir…insinué-je.

– Oui, je sais bien. Je vais y réfléchir encore, je ne te promets rien…conclut-elle.

Tout en hésitant, elle me lance :

– Bon courage.

– Merci.

Je suis ému qu'elle m'encourage.

Elle raccroche.

Je m'allonge sur le lit, rêveur, imaginant ma femme et mes enfants qui m'encouragent pour passer la ligne d'arrivée. Notre bonheur après la course. Sans m'en rendre compte, je m'endors.

Je me réveille en sursaut. Quelle heure est–il ? Est-ce que j'ai raté le départ ? Je récupère mon téléphone sur la table de nuit, il est 1h30. Je suis soulagé. Je programme mon alarme à 4h avant de me rendormir.

La Course

Le réveil sonne. Je sursaute. C'est le jour J. Je me sens reposé. J'ai mieux dormi que prévu. Je m'habille et sors de mon sac un paquet de biscuits. Je me force à en manger un mais je sens que ça ne passe pas. J'en ingurgite un deuxième difficilement et je glisse le reste du paquet dans ma poche. J'aurai peut–être faim plus tard. Je prends la caisse remplie et je sors de ma chambre.

Il est 4h45 quand j'arrive au parc à vélo. Il fait nuit. Je m'installe à mon emplacement. Je regarde mes voisins de gauche et de droite pour les observer et surtout imiter l'installation de leurs affaires. Le temps de tout mettre en place et de tout vérifier, il est 5h15.

Soudain, mes intestins m'appellent à l'aide. Il faut que je les allège. Le stress fait son effet. Je cherche autour de moi des toilettes. Mes yeux se posent d'abord sur la file d'attente avant de voir enfin une cabane. Je me demande vraiment si ça vaut le coup de faire la queue, mais je ne me vois pas faire 15h de course comme ça. Je me glisse derrière ces femmes et ces hommes qui ont le même besoin. Au bout de 20 minutes, c'est enfin mon tour. L'endroit et l'odeur ne donnent pas vraiment envie d'entrer mais je ne vais pas faire demi-tour maintenant.

Je ressors plus léger cinq minutes plus tard. Je me sens libéré. Je peux me projeter maintenant entièrement vers ce départ. J'enfile ma combinaison en me faisant aider par mon voisin pour la fermer et me dirige calmement vers la grille encore fermée. Les femmes nous bousculent pour se frayer un chemin jusqu'à la banderole de départ.

Il est 5h50 quand elles partent. Les grilles s'ouvrent, je me déplace tranquillement sur l'aire de départ. La température de l'air est agréable. Je me place derrière sur un côté pour ne pas prendre de coup. C'est mon premier départ de triathlon et il se fait de nuit avec plus de 1300 concurrents dans les ténèbres…

Pendant un instant je me demande ce que je fais là.

Je suis là, sur la plage, dans le noir au milieu des autres, prêt à y aller. Pourtant j'ai peur. Peur de ce qui m'attend, de cette longue journée à venir.

Je regarde les spectateurs, recherchant parmi la foule, dans la pénombre, le visage de ma femme et de mes enfants. Mais comment pourraient-ils être là à 6h ? Ils n'auraient pas fait le voyage de nuit.

Le coup de pistolet me sort de ma torpeur. C'est parti ! Je marche jusqu'à l'eau, la température est bonne. Je prends le temps de faire entrer de l'eau dans ma combi et je me laisse glisser dans le lac. J'entends les battements de jambes, les bras fouettant l'eau mais je ne vois pas la première bouée pour me diriger, uniquement le projecteur sur le canoë montrant le chemin aux meilleurs.

Je tente mes premiers mouvements de crawl mais je n'arrive pas à souffler dans l'eau. Je suis complètement crispé. Malgré tout je me force sur quelques mouvements de bras, mais je ne peux pas. Je me redresse en essayant de reprendre ma respiration. L'angoisse me submerge. Je regarde autour de moi et aperçois un canoë, la possibilité de l'abandon me traverse l'esprit comme une image subliminale.

J'essaie de continuer doucement en brasse. Les nageurs autour de moi ne se préoccupent pas de ma situation, ils se dévient de moi comme on s'écarte d'un homme mourant. Certains, peut être perdus, me heurtent sans se redresser. Dans quelle guerre suis–je tombé ?

Au bout de quelques minutes, je me retrouve avec suffisamment d'espace autour de moi. Je remets ma tête sous l'eau, me forçant à expirer. De l'air s'échappe de ma bouche, c'est bon !

J'alterne mes mouvements de bras, dans ce qu'on pourrait appeler grossièrement du crawl. La crispation est encore présente, mais j'arrive tant bien que mal à contrôler ma respiration. J'essaie de me rappeler mes cours de natation.

Mes inspirations tous les deux mouvements s'enchaînent et je vois progressivement le jour qui se lève. Je me détends, allongeant progressivement les appuis.

Au demi-tour, je regarde ma montre : 50'. Je jette un coup d'œil derrière moi, je suis l'un des derniers. Je me sens mieux et essaie d'accélérer pour m'accrocher aux nageurs devant moi.

La dernière ligne droite me paraît très longue. Je n'ai qu'une envie : pouvoir enfin monter sur mon vélo.

Je regarde devant moi tous les 10 mouvements de bras mais la plage ne semble pas se rapprocher. L'image de Sophie me vient alors à l'esprit. Peut-être est-elle en train de scruter le lac pour me voir surgir de l'eau ?

J'arrive finalement sur la plage, je me redresse, titube comme un homme saoul, puis retombe dans l'eau. Je me relève plus doucement pour marcher jusqu'à la sortie de l'eau. Je regarde ma montre : 1h39. Je suis satisfait de ma natation. C'est sans doute mon point faible, maintenant ça va aller. Le public m'encourage, il me donne envie de courir jusqu'à mon vélo pour leur montrer que je suis en forme mais je me canalise, la route est encore longue.

Je dévisage les spectateurs mais ne vois aucune tête familière. A mon emplacement, j'enlève difficilement ma combinaison et m'assoit pour me changer entièrement. Je prends mon vélo et commence à monter dessus. Soudain, j'entends un arbitre me crier dessus. Surpris, je manque de tomber alors que j'essaie de fixer ma première chaussure. Il se rapproche de moi en courant. Quoi ? Qu'est-ce que j'ai fait ?

– Vous n'avez pas le droit de monter sur votre vélo ici, vous devez passer la ligne !

Je ne comprends pas vraiment mais je suis machinalement la direction qu'il me montre du doigt. Quelques mètres plus loin, j'arrive à cette fameuse ligne. Je monte enfin sur mon vélo, il est 7h45, j'ai trente minutes d'avance sur les délais.

Dès le départ ça monte sur 8km. J'ai mis un braquet facile, je m'empêche d'appuyer trop fort sur les pédales. Après cette montée, alors que je pensais faire une belle descente, c'est une succession de petites montées et descentes qui commencent à m'user les jambes et ma motivation.

Finalement, je redescends vers le lac. Les kilomètres suivants sont agréables, il fait beau et pas encore trop chaud. J'en profite pour manger deux barres énergétiques et un morceau de banane pris à la volée sur un ravitaillement. Je me sens bien.

Finalement, ça ne me semble pas être si difficile que ça. Ceux qui trouvent que c'est le triathlon le plus exigeant du monde n'ont pas dû s'entraîner suffisamment. En pédalant en souplesse, ça se fait tranquillement.

J'arrive à Guillestre, il ne me reste que 20km avant le début de l'Izoard. Je profite des gorges du Guil pour doubler des coureurs qui me paraissent déjà en perdition. Je suis euphorique.

Juste avant le virage à gauche vers l'Izoard, je prends deux minutes pour assouvir un besoin naturel sur le bas-côté. J'ouvre légèrement mon haut, la chaleur est déjà bien présente.

Je remonte sur mon vélo et tourne à gauche, je change immédiatement de braquet mais même avec le pignon le plus facile, mes jambes ne semblent plus répondre à mes ordres. Elles sont soudainement lourdes et sans force. Je n'aurais peut-être pas dû m'arrêter.

Je prends un gel énergétique et finis mon bidon pour redonner des forces à mes membres engourdis et douloureux. Les replats me permettent de souffler mais dès que la pente se fait plus dure, mes forces me quittent. Les concurrents que j'avais allègrement doublés sur le faux plat me passent sans un regard.

Alors que je pensais avoir passé les pourcentages les plus élevés, j'arrive à Brunissard. La rampe qui se dresse devant moi me paraît insurmontable. Je me revois dans ma première montée de l'Alpe d'Huez, luttant pour ne pas poser le pied à terre. C'est pourtant ce que je fais quelques virages plus tard. Je m'asperge d'eau et mange de nouveau un gel en marchant à côté du vélo, la chaleur est éprouvante, j'ai besoin d'air. Les spectateurs alentours m'encouragent en me criant qu'il ne me reste plus que 5km. Autant dire une éternité pour moi.

Malgré tout, je me fais violence et repars à moins de 6km/h. Est-ce que je vais moins vite en marchant ? Je ne suis pas sûr. Après de longues minutes de souffrance, j'arrive enfin à la Case Déserte, apparemment un très beau paysage que je ne prends pas la peine de regarder. Mes yeux sont fixés sur la route, mon regard est concentré sur mon effort. Il ne me reste plus que 2km, je lâche mes dernières forces pour terminer ce col.

Au sommet, l'air frais me réchauffe l'esprit. Je viens de terminer le morceau le plus difficile du parcours. A partir de maintenant, je devrais pouvoir terminer. Je jette un coup d'œil à l'heure : 13h05. J'ai seulement 5 minutes d'avance sur les délais. Je ne perds pas de temps à m'arrêter au ravitaillement et repars aussitôt.

Les premiers virages sont difficiles et je manque de me retrouver dans le fossé par deux fois, mais je ne dois pas perdre de temps si je ne veux pas me faire éliminer. Après Briançon, je me dis que les 60km qu'il me reste à parcourir ne vont pas être aussi faciles que prévu. La route n'est jamais plate, c'est encore une succession de faux plats. La fatigue et la douleur musculaire réapparaissent à la moindre difficulté. Si je termine le vélo, comment faire un marathon après ça ? Chaque chose en son temps, je dois être concentré sur le parcours vélo pour rester dans les délais quitte à arriver à Embrun sans la moindre force.

Soudain, j'ai envie de pleurer. Devant moi se dresse un mur, littéralement. Comment est-il possible de monter cette pente après tous ces efforts consentis ? J'entends le triathlète à côté de moi me souffler :

– C'est Pallon.

C'est donc cette côte qui fait peur à tout le monde. Je comprends mieux pourquoi. Même avec mon plus petit braquet, je suis debout sur les pédales. Mes cuisses hurlent de douleur à chaque appui. Mon cœur s'emballe, j'ai du mal à trouver mon souffle. Je ne peux plus. Je vais tomber. Mes derniers zigzags sur la route sont visiblement dangereux. Deux personnes du public ont le réflexe de me rattraper par les bras avant que je n'ai le temps de chuter au ralenti. Je les remercie à peine pour continuer en marchant. Je dois terminer. Je n'ai pas le temps de m'arrêter.

Une fois la pente plus faible, je remonte sur le vélo et essaie de récupérer comme je peux. Je mange, je bois. Je ne sais plus quoi faire pour aller mieux. En fait si, je sais quoi faire pour aller mieux : m'arrêter définitivement. Je passe de la persévérance, de l'envie d'aller jusqu'au bout à la résignation et l'envie d'abandonner en quelques minutes. Je suis désorienté. Je ne comprends plus mes sensations, mes sentiments.

J'arrive au panneau indiquant qu'il reste 20km. Allez, ce n'est rien 20km, me susurre une petite voix au plus profond de moi. Je dois aller jusqu'au bout même si je ne repars pas à pied, au moins j'aurais terminé le vélo.

Je passe à Pont Neuf à 16h10. J'ai toujours 5 minutes d'avance sur les délais.

La dernière difficulté est devant moi. Je sais que je vais devoir utiliser mes dernières cartouches pour passer Chalvet. Au pied, un triathlète me dit d'être prudent, de bien gérer mon effort car la montée est longue. De toute façon, je n'ai plus rien à gérer, je n'ai plus ce choix. Je penche ma tête et garde mon regard sur mon compteur. Concentré sur chaque coup de pédale, je donne mes dernières forces pour ne pas être éliminé.

J'arrive en haut, exténué. L'idée de mettre pied à terre pour profiter du ravitaillement me traverse l'esprit mais le temps me manque… Je n'ai pas ce luxe. Je m'élance dans la descente difficile tout en évitant de glisser sur des graviers par manque de lucidité.

J'arrive enfin au parc à vélo, les larmes aux yeux. Des larmes de fatigue mais aussi d'émotion. J'ai terminé ce mythique parcours vélo. En roulant sur le tapis bleu, je regarde autour de moi. Je ne vois toujours pas Sophie. La tristesse et la détresse m'enveloppent entièrement. Je ne retiens plus mes larmes. J'ai ce sentiment, brutal, que cette course n'a plus aucun sens. J'ai profondément besoin de ma femme pour continuer.

Je descends du vélo et marche jusqu'à mon emplacement. Je m'assois sur ma chaise. J'entends les encouragements des spectateurs. Comme cela fait du bien : ces cris sont précieux pour tout athlète ! Je ne peux pas abandonner devant ces centaines de personnes, je dois au moins essayer de partir sur le marathon. Qui sait ? J'aurai peut-être une bonne surprise.

Je me change rapidement et sors du parc à vélo en marchant. Je me nourris des applaudissements autour de moi pour commencer à courir. Mes jambes sont très lourdes, c'est un fait, mais elles acceptent encore de bouger. Autant en profiter. Je regarde ma montre : il est 17h10. J'ai 2h50 pour terminer le premier semi-marathon. Je souris intérieurement. Ça devrait me paraître facile mais à cet instant, je n'ai plus aucun repère, je ne me rends plus compte de ce que je suis capable de réaliser. Pourtant la course à pied devrait être mon point fort mais à ce moment précis de la course, j'ai l'impression de ne même plus savoir courir.

Le tour du lac se passe mieux que prévu. Je m'arrête aux ravitaillements pour prendre le temps de m'hydrater et de manger des fruits secs. Les autres triathlètes autour sont dans le même état que moi… Bizarrement ça me remonte le moral.

Une fois la digue passée, les premières difficultés apparaissent. Gonflé par les cris des spectateurs, je continue de courir dans les premiers mètres de la côte, mais mes cuisses me rappellent à l'ordre immédiatement. Je comprends qu'il faut que j'arrête de faire mon show devant le public si je ne veux pas finir crampé. La montée à Embrun se fait donc en marchant, comme tous les triathlètes qui m'entourent finalement.

Je bascule ensuite sur une belle descente que j'aurais eu plaisir à dévaler dans d'autres conditions. Mais aujourd'hui, je trottine le buste en arrière pour ne pas déplaire à mes ischios-jambiers. En bas, il n'y a plus de public. Mon mental s'éteint au bout de quelques centaines de mètres. Je n'ai plus envie. Je me mets à marcher alors que la pente est nulle. Je ne sais pas si mes forces me quittent ou si c'est seulement mon mental mais je ne peux plus convaincre mes jambes de reprendre un rythme rapide.

Je commence à voir des tâches noires sur la route. Le zombie que je suis devenu en quelques secondes se traine jusqu'au ravitaillement suivant, luttant pour continuer à mettre un pied devant l'autre. Je n'ai aucune idée s'il reste du monde derrière moi mais je ne suis pas certain qu'il va leur rester quelque chose à manger. Je dévalise ce qu'il y a sur la table. J'attrape tout ce que ma main peut trouver. Je repars en marchant les bras remplis encore d'aliments énergétiques.

Je passe le panneau 11km, il est 18h40. Je dois finir le semi avant 20h. Je dois repartir. Au moins courir jusqu'au kilomètre suivant. Après plusieurs semonces, mes jambes s'exécutent, non sans se venger par la douleur qu'elles me font subir. La nourriture ingurgitée doit faire effet, mes vertiges ont disparus. La longue route vers Baratier est une lente agonie… Pour m'emmener où ? Pourquoi faire ça ? Je n'arrive pas à répondre à ces questions mais je ne m'arrête pas. Je veux terminer mais je n’en connais pas la raison. Ce n'est plus le moment de me poser toutes ces interrogations, c'est trop tard, je n'ai plus l'énergie d'y répondre.

Le retour sur Embrun est moins difficile, un faux plat descendant me fait espérer que je vais terminer le premier tour dans les délais. J'arrive autour du lac, il me reste trois kilomètres pour conclure ce premier tour et j'ai 25 minutes pour y parvenir.

Une fois passé le semi dans les temps, je ne pourrai plus me faire éliminer et je pourrai passer la ligne d'arrivée même si je ne suis pas dans le classement.

A deux kilomètres du semi, Je me sens ragaillardi. Je sais que je vais y arriver même si la nuit va commencer à tomber. Je contourne le parc à vélo, j'entends les speakers qui annoncent les noms des finishers. J'arrive sur la dernière ligne droite, je sens que j'accélère.

Les triathlètes à côté de moi en terminent, j'ai encore un tour. Encore 21km de douleur et de souffrance quand eux en finissent. Je passe à côté de l'arche d'arrivée. A quelques mètres près c'est la fin. Mais pas pour moi. Je refais le tour du parc à vélo. Ma foulée s'est réduite, les douleurs reviennent. L'euphorie a disparu.

Encore un tour. Ce n'est pas possible, je n'y arriverai pas. Je marche en regardant mes pieds. C'est au-dessus de mes forces, je ne peux plus avancer. Je me suis attaqué à un défi trop difficile pour moi. Je n'en suis pas capable. Il faut être lucide, c'est un échec.

Soudain, un éclair d'espoir me traverse. Un son plus précisément.

– Allez papa !

– Allez mon chéri !

Je cherche d'où viennent ces encouragements pour vérifier mais j'en suis sûr, j'ai reconnu ces voix. Mon regard se pose sur le visage de Sophie. Ma femme. Elle est venue. Je marche jusqu'à elle et m'écroule dans ses bras en pleurant. Elle me redresse et m'embrasse.

– Je ne peux plus, murmuré-je alors en serrant mes enfants qui se sont blottis contre mes jambes douloureuses.

– Je crois que je vais arrêter.

Elle se recule, choquée.

– Ah non ! C'est hors de question ! On a fait la route pour venir te voir passer la ligne d'arrivée alors tu vas la passer cette ligne.

Sur ces paroles intransigeantes, elle m'embrasse de nouveau et me pousse vers cette route interminable. Leurs encouragements me portent.

Elle a raison, je ne peux plus abandonner. Mes larmes ne cessent de glisser sur mes joues. Elle m'a pardonné. Je l'aime. Je repars en courant sans même m'en rendre compte, je me sens pousser des ailes.

Mais ça ne dure qu'un temps. Le temps que l'émotion et l'adrénaline redescendent. La réalité me rattrape : j'ai encore 20km à boucler. Dans la montée à Embrun, la douleur n'est plus seulement localisée dans les jambes, elle a investi tout mon corps. Je m'arrête au ravitaillement mais mon estomac ne veut plus rien avaler. Je me force à boire un verre de coca en réprimant un haut le cœur. Je vais devoir terminer avec seulement du liquide.

La marche remplace progressivement la course. La nuit est maintenant complètement tombée. Peu de zombies m'accompagnent. J'échange des regards avec les rares que je vois mais je n'ai plus la force de leur parler. Je continue de marcher, je ne pense plus, je ne réfléchis plus, je marche. Je ne sais même plus vers quoi je marche. Pas après pas, j'avance avec l'impression d'être dans cette course depuis des années sans qu'il n'y ait de fin. Les rares badauds qui m'encouragent sont des ombres dont les bruits ne m'atteignent plus.

Suis-je en plein rêve ? Est-ce que je suis en train de mourir ? Si ce n'est pas le cas, je ne dois pas en être loin. J'arrive enfin à Baratier. A partir de là, je me souviens que c'est plus facile. Mais dans cette pénombre, sans la moindre once d'énergie restante, j'ai l'impression de gravir une montagne. Les bénévoles me proposent à boire et à manger mais je les ignore. Quelle impolitesse alors qu'ils passent leur journée à nous aider. J'ai des remords de ne pas leur avoir souris. Mais ai–je encore la force de sourire ?

Le lac. Bientôt la fin. La fin de quoi ? Je vais où ? Mon esprit divague de nouveau. La voix des speakers à leurs micros me redonnent un peu de lucidité. Je vois un panneau. Plus que trois kilomètres et je serai finisher. Je ressens une légère vague d'euphorie. Je dois l'utiliser. Je me remets à courir mais dès la première foulée, je sens que mes ischios-jambiers ne sont pas d'accords et se contractent sans se relâcher pour crier leur désapprobation. Je m'arrête masser mes muscles pour faire passer les crampes et repars en boitant.

Enfin, le parc à vélo est devant moi. J'en fais le tour et arrive dans la dernière ligne droite. Je regarde ma montre, il est minuit et demi passé.

Je me remets à trottiner en apercevant ma famille au loin. Mes enfants me rejoignent pour les derniers mètres de cette aventure inimaginable. Je m'arrête juste avant la ligne profitant des dernières secondes.

Je franchis ce trait blanc. Tout ça pour une ligne blanche ?! Pourtant je suis heureux. Heureux d'avoir terminé ce défi hors norme, heureux d'être entouré de ma femme et de mes enfants pour mon arrivée. Je reçois la médaille et le tee-shirt finisher avec émotion.

Je passe rapidement au ravitaillement final, mais je n'ai qu'une envie : retrouver Sophie.

Je la rejoins quelques minutes plus tard, je la prends dans mes bras. De nouveau, je pleure. Je crois que je n'ai jamais autant pleuré de ma vie en une seule journée.

– Bravo mon chéri.

– Merci d'être venue, réussis-je à articuler entre deux sanglots.

– J'ai compris que c'était important pour toi. Et les enfants ont beaucoup insisté.

J'embrasse mes deux enfants et les serrent très fort dans mes bras.

– Maintenant on va pouvoir se retrouver comme avant, continue Sophie. Faire des projets à deux, acheter une maison. J'ai hâte qu'on se retrouve... sans triathlon.

– Oui, ça va être bien.

Mes larmes sèchent, je suis pensif.

Maintenant que j'ai passé cette ligne d'arrivée, j'ai envie d'en franchir d'autres.

Du même auteur :

Manuel du parfait petit triathlète.
140 conseils pour ne pas finir un triathlon
100 conseils pour ne pas finir un marathon

Retrouvez l'actualité de l'auteur sur Facebook :
https://www.facebook.com/valtres.tri

Et Twitter :
@valtres_tri

Groupe CCEE,
Zi ST Mitre Est, RN 8
Quartier d'entreprises
13400 Aubagne
http://autres-talents.fr

Achevé d'imprimer en novembre 2016

Isbn : 978-1517019976
Dépôt légal novembre 2016

Imprimé en U.E.